W0461073

Köstliche Vollwertküche für jeden Tag

Carine Buhmann

Köstliche Vollwertküche für jeden Tag

AT Verlag

Alle Rezepte sind
für 4 Personen berechnet.

2. Auflage, 1993

© 1991
AT Verlag Aarau/Schweiz
Fotos: Markus Fischer, Zürich
Illustrationen: Dora Wespi, Luzern
Gesamtherstellung: Grafische Betriebe
Aargauer Tagblatt AG, Aarau
Printed in Switzerland

ISBN 3-85502-415-4

Inhalt

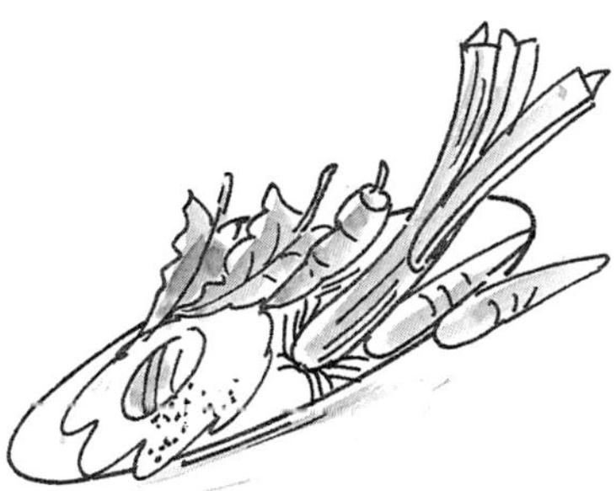

Vorwort

Gesunde Vollwertkost muss nicht kompliziert und zeitaufwendig sein! Mit einfachen Zutaten – frisch und saisongerecht eingekauft – lassen sich innert kurzer Zeit feine Menüs abwechslungsreich zubereiten. Der Genuss und die Freude am täglichen Essen sollen dabei nicht zu kurz kommen. Phantasie und Mut zum Neuen sind auch am Kochherd gefragt. Oft entstehen dabei aussergewöhnliche, feine Kreationen.

Alle Rezepte habe ich persönlich und in vielen meiner Kochkurse erfolgreich ausprobiert.

Diese Sammlung einfacher Rezepte ist ein idealer Einstieg in eine vernünftige, gesunde Ernährungsweise und gibt gleichzeitig den überzeugten «Vollwertköstlern» neue Ideen für eine schnelle Alltagsküche.

Viel Spass und guten Appetit!
Carine Buhmann

Was ist Vollwerternährung?

Im Zeichen einer bewussten, gesunden Ernährungsweise gewinnt Vollwertkost immer mehr an Bedeutung. Vollwerternährung ist keine langweilige «Körnerpickerei» mit strengen Essvorschriften und komplizierten Kalorientabellen, sondern vielmehr eine vernünftige, ausgewogene Ernährungsweise, die gesund und ökologisch sinnvoll ist. Kein Verzicht, sondern Genuss und Freude beim Essen sind angesagt!

Industriell stark be- und verarbeitete Nahrungsmittel werden durch frische und naturbelassene Lebensmittel allmählich ersetzt. Vollgetreide, Gemüse und Obst sowie Milch und Milchprodukte stehen im Vordergrund. Wenn immer möglich sollten inländische Produkte saisongerecht und aus kontrolliert biologischem Anbau gewählt werden. Vollwerternährung ist keine ausschliesslich vegetarische Kost, da Eier und Fleisch – wenn mässig und als kleine Beilagen gegessen – nicht abgelehnt werden. Diese Nahrungsmittel spielen jedoch eine untergeordnete Rolle.

Dank optimaler Nährstoffversorgung trägt Vollwertkost wesentlich zur körperlichen und geistigen Leistungsfähigkeit bei und beugt zahlreichen ernährungsbedingten Gesundheitsstörungen vor, wie beispielsweise Übergewicht, Bluthochdruck, Verstopfung und Gicht.

Getreide und Getreideprodukte

Bereits die römischen Soldaten assen täglich einen Frischkornbrei, um im Kampf leistungsfähig zu sein. Erst mit der Industrialisierung begann man das Getreidekorn auszumahlen.

In den äusseren Randschichten und im Keimling sind die wertvollen Inhaltsstoffe, Eiweiss, Fett, Vitamine, Mineralstoffe und Ballaststoffe, enthalten. Wird das Korn zu «weissem» Mehl ausgemahlen, um es länger haltbar zu machen, geht der grösste Teil dieser Inhaltsstoffe verloren. Es ist deshalb empfehlenswert, vermehrt Vollkorn und Vollkornprodukte im täglichen Speiseplan einzusetzen. Frisch geschrotetes oder gemahlenes Getreide sollte sofort weiterverarbeitet werden, um die Oxidation der luftempfindlichen Nährstoffe zu vermeiden.

Aus Getreidekörnern lassen sich zahlreiche, schmackhafte Gerichte zubereiten. Mit Gemüse- oder Kartoffelgerichten kombiniert und einem Salat voraus ergibt sich eine vollständige Mahlzeit. Auch eine kleine Fleischbeilage kann ab und zu dazu serviert werden. Oder wie wär's mit Vollkornteigwaren? Auf Weizen- oder Sojabasis schmecken sie vorzüglich. Wer einmal Vollkornteigwaren gewöhnt ist, kann sich für die «weissen», vergleichsweise faderen Teigwaren nicht mehr begeistern. Bereits die Umstellung auf Vollkornbrot bringt viele gesundheitliche Vorteile. Selber gemahlen, geknetet und mit Nüssen oder Kernen gebacken – ein wirklicher Genuss im Vergleich zu den fertigen herkömmlichen Broten aus Weiss- oder dunklem Mehl.

Getreide war schon immer ein wichtiges Grundnahrungsmittel der Menschen. Das volle Korn enthält praktisch alles, was wir benötigen. Warum also die wertvollen Randschichten entfernen, die wesentlich zur optimalen Nährstoffversorgung beitragen?

Gemüse und Obst

Gemüse und Obst nehmen in der Vollwerternährung einen besonderen Stellenwert ein, da diese Lebensmittel eine hohe Nährstoffdichte und gleichzeitig einen geringen Energiegehalt (sprich «Kalorien») aufweisen. Gleichzeitig können sie – mit Ausnahme von Hülsenfrüchten und Kartoffeln – ideal roh, also im unerhitzten Zustand gegessen werden. Gerade als Frischkost enthalten sie noch alle von Natur aus vorhandenen Inhaltsstoffe. Die Geschmacks-, Geruchs- und Aromastoffe wirken anregend auf verschiedene Funktionen des Verdauungssystems. Der hohe Ballaststoffanteil (die Nahrungsfasern) erfordert ein intensiveres Kauen, was wiederum den Speichelfluss anregt. «Gut gekaut, ist halb verdaut» – ein wirklich treffendes Sprichwort. Ballaststoffe erfüllen jedoch noch weitere wichtige Funktionen beim Transport des Nahrungsbreis durch den Verdauungstrakt: Sie binden Wasser und quellen auf. Durch das grössere Volumen kommt es schneller zu einem Sättigungsgefühl. Sie wirken dämpfend auf Appetit- und Hungergefühle. Viel frischer Salat wäre demnach die ideale Schlankheitskur!

Wird Gemüse gekocht, so ist auf die richtige Zubereitung zu achten. Unsachgemässe Erhitzung führt zu einem grossen Verlust an Inhaltsstoffen. Zu den schonenden Kochmethoden gehören Dünsten, Garen oder Dämpfen mit wenig Wasser.

Für eine gesunde, abwechslungsreiche Kost wird empfohlen, reichlich Gemüse und Obst zu essen. Wenn möglich sollte davon die Hälfte frisch verzehrt werden. Dabei sind die unterschiedlichen Jahreszeiten und die Inlandproduktion zu berücksichtigen.

Biologisch kontrollierter Landbau

Wenn immer möglich, sind Getreide und Getreideprodukte, Gemüse und Obst aus ökologisch kontrolliertem Anbau zu bevorzugen. Kontrollierte Bio-Produkte enthalten nicht nur weniger unerwünschte Rückstände von chemisch-synthetischen Spritzmitteln, sondern sind auch im Geschmack intensiver. Wir unterstützen gleichzeitig den Produzenten in seinem Bestreben um eine naturgerechte Landwirtschaft. Inzwischen gibt es einige Organisationen, die mit strengen Richtlinien und regelmässigen Kontrollen auf ökologisch geführten Betrieben «echte» Bioprodukte garantieren. Es lohnt sich, auf entsprechende Gütezeichen zu achten!

Hülsenfrüchte

Hülsenfrüchte sind die eiweissreichsten pflanzlichen Lebensmittel. Ausserdem sind sie reich an verschiedenen Vitaminen (B_1, B_2, B_6, Folsäure). Besonders erwähnenswert ist der hohe Gehalt an Eisen. Auch der Ballaststoffanteil ist nicht zu verachten. Lange gekocht, damit sich die Stärke gut aufschliessen kann, wirken sie weniger blähend. Mit Getreidekörnern gemischt, z. B. ein Linsengericht mit Polenta, ergibt sich sogar ein sehr wertvolles Eiweiss, das dem Fleischeiweiss absolut ebenbürtig ist.

Öle und Fette

Unter dem Motto «Fit statt fett» wird empfohlen, die tägliche Fettzufuhr zu senken. Fett ist ein wichtiger Nährstoff, jedoch sparsam und in bester Qualität zu verwenden. Bei der Auswahl von Fetten ist die Fettsäurenzusammensetzung von Bedeutung. Mehrfach ungesättigte Fettsäuren wie die Linolsäure sind für uns lebenswichtig.

Andererseits sind tierische Fette, vor allem wie sie in Wurstwaren vorkommen, weniger günstig. Für die kalte Küche empfiehlt sich, hochwertige kaltgepresste Pflanzenöle einzusetzen. Durch die schonende Kaltpressung enthält das Öl noch alle naturgegebenen Inhaltsstoffe. Durch Erhitzung, Raffinations- oder Extraktionsverfahren, Härtung oder andere technologisch aufwendige Prozesse gehen teilweise fettlösliche Vitamine verloren, oder wertvolle Fettsäuren werden

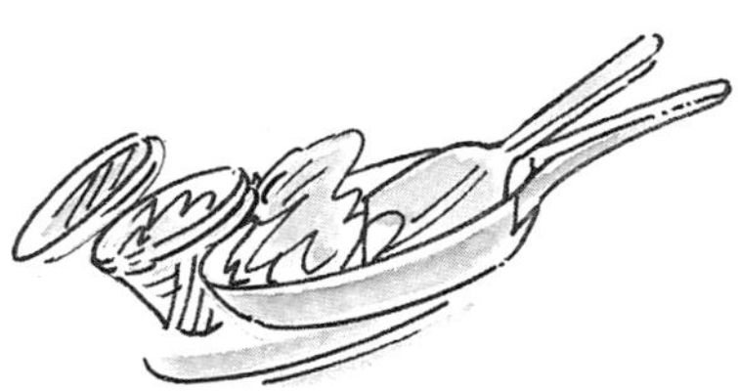

in ihrer Struktur zerstört. Die Naturbelassenheit ist also ein wichtiges Qualitätsmerkmal bei Ölen und Fetten. Zum Braten eignen sich Fette mit einem hohen Schmelzpunkt. Dafür kann beispielsweise ein ungehärtetes, nicht extrahiertes Kokosfett verwendet werden. Der Rauchpunkt (Zersetzungstemperatur) liegt relativ hoch. Es können keine ungünstigen Fettsäuren bei der Erhitzung entstehen. Die Butter kann als Streichfett oder zum Backen eingesetzt werden – jedoch nach der Devise «so sparsam wie möglich». Margarinen sind aus der Sicht der Vollwerternährung nicht unbedingt empfehlenswert, da sie aufwendige Verarbeitungstechniken und Zusatzstoffe benötigen. Es muss jedoch zwischen billigen, herkömmlichen Streichfetten und der qualitativ besseren Reformmargarine unterschieden werden. Zu beachten sind die vielen versteckten Fette, die nicht sichtbar in Wurstwaren, Fleisch, Käse und stark rahmhaltigen Milchprodukten enthalten sind. Vorsicht vor Fritiertem – dies sind die wahren «Fettbomben»!

Milch und Milchprodukte

Milch und Milchprodukte sind günstige Nährstofflieferanten, da sie hochwertiges Eiweiss liefern und eine gute Kalziumquelle darstellen. Ausserdem tragen sie wesentlich zur Versorgung mit Vitamin B_2 und A bei. Bereits mit einem halben Liter Vollmilch kann der tägliche Bedarf an essentiellen (lebensnotwendigen) Aminosäuren gedeckt werden. Milch und Milchprodukte ergeben in Kombination mit Getreide oder Kartoffeln eine günstige Eiweissaufwertung. Beispiele dafür wären Kartoffelstock oder ein Getreidemüesli mit Joghurt.

Gesäuerte Milchprodukte wie Sauermilch, Joghurt, Kefir sind besonders gut bekömmlich, weil sie ein «vorverdautes» Eiweiss enthalten. Unerhitzte Vorzugsmilch von einem kontrollierten Bauernhof unterliegt strengen Hygienevorschriften und Keimzahlkontrollen. Sie hat einen höheren Gesundheitswert als behandelte Milch. Vorzugsmilch sollte aber stets frisch eingekauft und innert kurzer Zeit getrunken werden. Die Pasteurisation wird ebenfalls als schonendes Erhitzungsverfahren in der Vollwerternährung akzeptiert. Ultraerhitzung oder Sterilisation sind weniger günstige Methoden zur Haltbarmachung, da die empfindlichen Inhaltsstoffe – insbesondere Vitamine – zum grössten Teil verlorengehen.

Stark rahmhaltige Milchprodukte, wie Rahm, Butter oder sehr fetthaltige Käsesorten, sollten nur mässig konsumiert werden. Frischkäse wie Quark oder Hüttenkäse können hingegen abwechslungsreich in den täglichen Menüplan einbezogen werden.

Eier, Fleisch und Fisch

Fleisch und Eier werden in der Vollwerternährung nicht ausdrücklich empfohlen, aber – sofern in vernünftigem Mass verwendet und von bester Qualität – auch nicht abgelehnt. Gegen ein- bis zweimal Fleisch und 1–2 Eier pro Woche kann ernährungsphysiologisch nichts eingewendet werden. Übermässiger Eier- und Fleischkonsum ist mit vielen unerwünschten Nebenwirkungen verbunden: Es wird neben Eiweiss gleichzeitig viel ungünstiges Fett, Cholesterin und Purin aufgenommen. In Wurstwaren findet sich zusätzlich noch viel Kochsalz, das wiederum in engem Zusammenhang mit Bluthochdruck steht. Neben gesundheitlichen Nachteilen sind auch die ökologischen Aspekte zu berücksichtigen. Für die enorme Fleischproduktion in den Industrieländern werden hohe Mengen an pflanzlichen Futtermitteln aus Drittweltländern importiert. Ein vernünftiges Masshalten beim Konsum von Fleisch wäre daher sicher sinnvoll.

Vielerorts werden Fleisch aus Ökobetrieben und Eier von Freilandhühnern angeboten. Der kleine Mehrpreis lohnt sich angesichts der besseren Qualität und der artgerechten Tierhaltung sicher. Fisch nimmt in der Vollwerternährung eine besondere Stellung ein. Er bietet neben wertvollen Fettsäuren auch fettlösliche Vitamine und Mineralstoffe (vor allem Jod). Das einzige Problem liegt bei der heutigen Gewässerverschmutzung. Je nach Fangort sind Fische unterschiedlich belastet. Trotzdem sollte der Fischkonsum nicht eingeschränkt werden. Anstelle von Fleisch kann eine wöchentliche Fischmahlzeit eine sinnvolle Abwechslung sein.

Süssungsmittel

Isolierte Zuckerarten wie Haushaltszucker, brauner Zucker oder Rohrzucker sind chemisch reine Substanzen, deren Inhaltsstoffe im Vergleich zum Ausgangsprodukt praktisch vollständig entfernt wurden. Man spricht auch von sogenannten «leeren Kalorien». Diese Zuckerarten lassen unseren Blutzuckerspiegel unerwünscht schnell ansteigen, da sie sofort ins Blut abgegeben werden. Ein hoher Verzehr von isolierten Zuckern oder zuckerhaltigen Süssigkeiten kann langfristig zu einer Überbelastung der Bauchspeicheldrüse führen, die für das Regulieren des Blutzuckerspiegels verantwortlich ist. Auch isolierter Trauben-, Frucht- oder Milchzucker hat eine ähnliche Wirkung auf unseren Organismus. Es ist deshalb nicht empfehlenswert, anstelle von Haushaltszucker beispielsweise isolierten Fruchtzucker zum Süssen zu verwenden. Isolierte Zuckerarten sind nicht nur reine Energieträger, sie begünstigen auch Übergewicht und Karies, Zuckerkrankheit (Diabetes mellitus) und Arteriosklerose.

Für die Vollwerternährung gilt deshalb die Empfehlung, allmählich den Zuckerkonsum zu reduzieren.

Dies bedeutet keinen absoluten Verzicht auf Süsses! Nur können wir unsere «süssen Gelüste» zur Abwechslung auch mit süssem Obst befriedigen. Eingeweichte, ungeschwefelte Trockenfrüchte oder Honig lassen sich als natürliche Süssmittel einsetzen. Auch Dicksäfte, unraffinierter Vollrohrzucker oder Ahornsirup können für Cremen und Kuchen verwendet werden. Doch gilt auch bei diesen Süssmitteln: sparsam und nicht in konzentrierter Form!

Künstliche Süssstoffe haben zwar nicht die gesundheitlichen Nachteile wie die isolierten Zuckerarten, helfen aber auch nicht, unsere hohe Reizschwelle «süss» zu senken.

Getränke

Wasser – ob mit oder ohne Kohlensäure – ist der beste Durstlöscher. Es lohnt sich, die Mineralstoffanalysen auf Mineralwasserflaschen genau zu lesen, denn ein zu hoher Natriumgehalt (über 170 mg/l) ist beispielsweise bei Bluthochdruck ungünstig. Ungesüsste Kräuter- und Früchtetees können ebenfalls für Abwechslung auf der Getränkekarte sorgen. Vorsicht ist bei Fruchtsaftgetränken, Obstnektar oder Limonade geboten. Diese enthalten meist viel isolierten Zucker. Gemüsesäften andererseits wird oft Kochsalz zur Geschmacksverbesserung zugesetzt. Kaffee und Schwarztee verursachen unerwünschte Reizwirkungen auf das Nervensystem. Ausserdem kann ein regelmässiger Genuss dieser Getränke die Aufnahme von Mineralstoffen verschlechtern. Alkoholische Getränke sollten wenn möglich nicht regelmässig oder in grossen Mengen getrunken werden, da sie langfristig zu Organschäden führen können. Gegen ein Glas Wein oder Bier ab und zu ist jedoch nichts einzuwenden. Wie bei vielen Dingen, ist es stets eine Frage des vernünftigen Masshaltens.

Kräuter und Gewürze

Trotz einer grossen Auswahl an Küchen- und Gewürzkräutern werden oft Salz oder Fertiggewürzmischungen verwendet. Dabei wirken zahlreiche Kräuter ausgesprochen gesundheitsfördernd. Sie besitzen teilweise heilende Wirkungen, fördern die Bekömmlichkeit, intensivieren das Aroma und können vielseitig zum Würzen eingesetzt werden. Eine kleine Kräuterkunde (S. 125) soll Ihnen den Umgang mit Gewürzkräutern erleichtern. Salz hingegen sollte sehr sparsam verwendet werden, da es den Blutdruck negativ beeinflusst. Salzarmes Essen muss deswegen nicht fade schmecken – ganz im Gegenteil! Oft ergeben sich beim mutigen Ausprobieren mit Würzkräutern köstliche Geschmacksvarianten.

Zusammenfassung

Nach dem Motto von Prof. Kollath «Lasst unsere Nahrung so natürlich wie möglich», erhalten frische, naturbelassene Lebensmittel wieder ihren ursprünglichen, wichtigen Stellenwert in der heutigen Ernährung. Vollwertkost beugt in ganzheitlicher Weise zahlreichen ernährungsbedingten Gesundheitsstörungen vor. Sie ist gut verträglich, schmackhaft und bietet viel Abwechslung. Sie ist langfristig durchführbar, da sie jedem einzelnen viel Spielraum offenlässt und nicht auf Verboten, sondern auf vernünftigen Empfehlungen basiert. Überdenken wir unsere Ernährungsweise und versuchen wir, schrittweise und langsam unseren Menüplan zu optimieren. Bereits kleine Veränderungen, wie vermehrt frische Salate oder Vollkornprodukte auf dem Menüplan, bringen viele gesundheitliche Vorteile, die wir nutzen sollten. Lassen Sie sich überraschen, wie köstlich und vielseitig Vollwertkost sein kann!

Salate, knackig und frisch

Beginnen Sie jede Hauptmahlzeit mit einem feinen Salatteller! Verwenden Sie für die Sauce hochwertige, kaltgepresste Pflanzenöle. Zur Abwechslung können frische Kräuter, Keimlinge, Samen und Nüsse beigefügt werden.

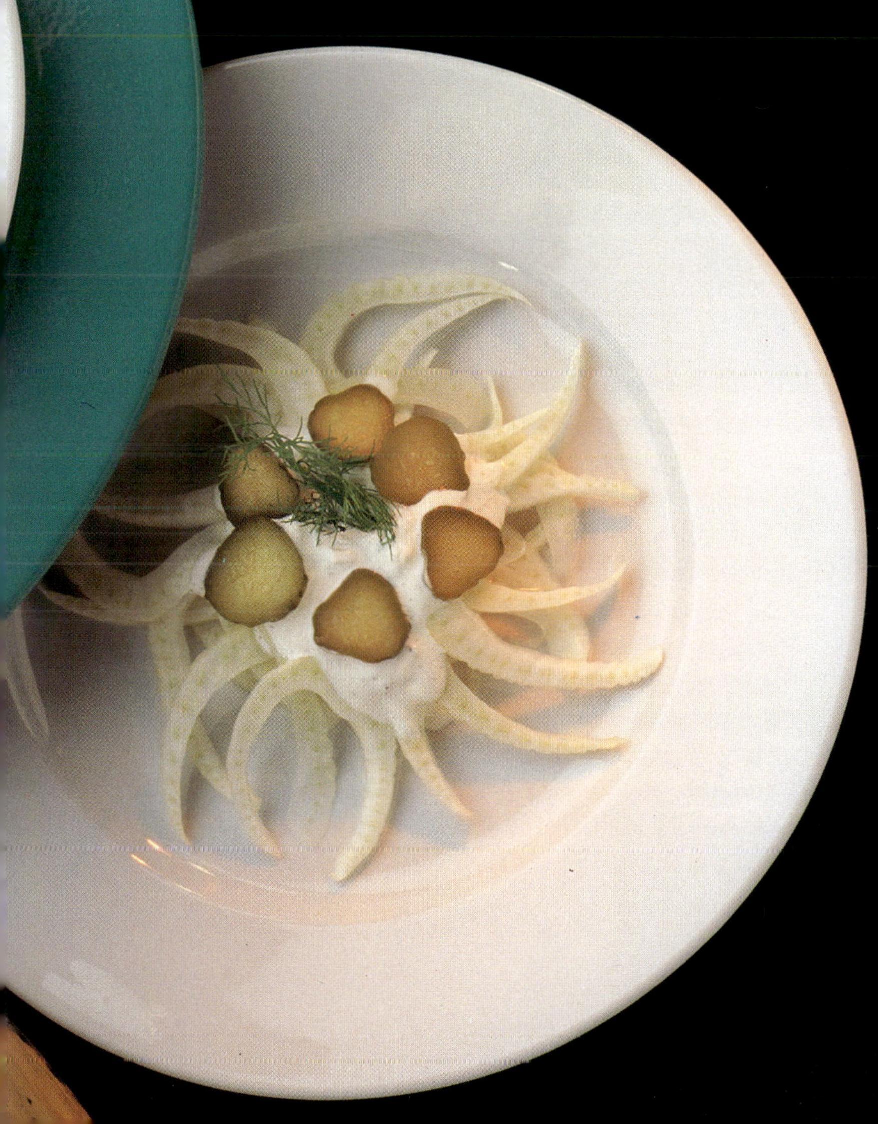

Kürbissalat an Senfsauce

Bild Seite 16/17
700 g Kürbis
2 EL ungeschwefelte Korinthen

Sauce:
1 EL kaltgepresstes Sesamöl
1 EL Apfelessig
1 EL grober Senf
1 EL Joghurt nature
6 EL Vollmilch
1 Msp. mildes Currypulver
1 Msp. Ingwerpulver
Pfeffer aus der Mühle
Kräutermeersalz

Die Korinthen in wenig Wasser über Nacht einweichen.

Zuerst die Zutaten für die Sauce gut verrühren und mit den Gewürzen abschmecken.

Den Kürbis schälen, entkernen und grob raspeln. Sofort mit der Sauce vermischen. Am Schluss die eingeweichten Korinthen darübergeben.

Pikanter Fenchelsalat

Bild Seite 16/17
2 grosse Fenchelknollen, roh
2–3 grosse Essiggurken
1 kleine Zwiebel

Sauce:
180 g saurer Halbrahm
Saft von 1 Zitrone
1 EL kaltgepresstes Distelöl
Pfeffer aus der Mühle
mildes Paprikapulver
wenig Kräutermeersalz

Zuerst die Zutaten für die Sauce gut vermischen und mit den Gewürzen kräftig abschmecken.

Die Zwiebel schälen, sehr fein hacken und beifügen.

Die Essiggurken in dünne Scheiben schneiden und dazugeben.

Die Fenchelknollen unter fliessendem Wasser waschen, eventuell braune Stellen wegschneiden. Schönes Fenchelkraut zur Dekoration zurückbehalten. Fenchel in sehr feine Streifen schneiden und sofort unter die Sauce mischen.

Mit Fenchelkraut und einigen Essiggurkenscheiben garnieren.

Randensalat mit Keimlingen

Bild Seite 16/17

1–2 Randen (Rote Bete), roh
1 Handvoll gekeimte Weizenkörner

Sauce:
Saft von 1 Zitrone
2 EL milder Obstessig
250 g Hüttenkäse
2 Äpfel
½ kleine Zwiebel
½ Bund gehackte Petersilie
Pfeffer aus der Mühle
Kräutermeersalz
wenig mildes Paprikapulver

Zuerst die Salatsauce zubereiten. Dazu den frischgepressten Zitronensaft mit dem Essig und dem Hüttenkäse verrühren. Die Äpfel waschen und entkernen. Den einen fein reiben, den anderen in kleine Würfel schneiden und sofort mit der Sauce mischen. Die Zwiebel sehr fein hacken, mit der Petersilie dazugeben und würzen.

Die Randen unter fliessendem Wasser gut bürsten. Nicht schälen, nur die Strunkansätze wegschneiden. Fein reiben und sofort unter die Sauce mischen.

Am Schluss die Weizenkeimlinge darüberstreuen.

Variante
Anstelle der Randen Karotten verwenden.

Süsser Randensalat

1–2 Randen (Rote Bete), roh
1 grosser, säuerlicher Apfel
2 EL ungeschwefelte Rosinen
1 Banane
1 EL Haselnüsse

Sauce:
4 EL frischer Zitronensaft
2 EL Wasser
180 g Joghurt nature
1–2 TL milder, grober Senf
Pfeffer aus der Mühle
Kräutermeersalz

Für die Sauce die Zutaten gut verrühren und mit den Gewürzen abschmecken.

Den Apfel gut waschen, halbieren und das Kerngehäuse entfernen. Die eine Hälfte grob raspeln und die andere Hälfte in kleine Würfelchen schneiden. Sofort unter die Sauce mischen.

Die Banane schälen, in Scheiben schneiden und beifügen. Die eingeweichten Rosinen untermischen.

Die Randen unter fliessendem Wasser gut bürsten. Nicht schälen, nur die Strunkansätze entfernen. Grob raspeln und mit der Sauce mischen.

Die Haselnüsse grob hacken und darüberstreuen.

Bunter Herbstsalat

Bild rechts
½ kleiner Chinakohl
1 mittelgrosse Karotte
½ Stangensellerie
1 Zuckermaiskolben
1 Handvoll Kresse

Sauce:
2 EL Apfelessig
1 EL kaltgepresstes Sonnenblumenöl
3 EL Wasser
½ dl Vollmilch
1 TL milder Senf
2 EL Schnittlauch, gehackt
Pfeffer aus der Mühle
Kräutermeersalz

Zuerst die Sauce zubereiten.

Den Maiskolben in heissem Wasser 10–15 Minuten weich kochen. Sofort mit einer Gabel in den Strunk stechen und die Körner mit einem scharfen Messer abstreifen. Abkühlen lassen.

Das restliche Gemüse waschen. Den Chinakohl in feine Streifen schneiden, die Karotte grob raspeln und den Stangensellerie klein würfeln.

Das Gemüse auf einer Platte anrichten, die Salatsauce darübergiessen und mit der Kresse garnieren.

Selleriesalat mit Äpfeln

1 mittelgrosse Sellerieknolle
2 Äpfel
10 Baumnüsse

Sauce:
180 g saurer Halbrahm
Saft von 1 Zitrone
1 EL Apfelessig
1 Msp. mildes Currypulver
Pfeffer aus der Mühle
Kräutermeersalz

Für die Sauce alle Zutaten gut vermischen und mit den Gewürzen kräftig abschmecken.

Den Sellerie unter fliessendem Wasser gut bürsten, schälen und sehr fein raspeln. Sofort unter die Sauce mischen.

Die Äpfel waschen, entkernen und in kleine Würfelchen schneiden. Unter den Salat geben.

Die Baumnüsse grob hacken und darüberstreuen.

Variante
Anstelle der Äpfel Birnen verwenden.

Brokkolisalat mit Hüttenkäse

Bild links

400 g Brokkoli, ohne Strunk
3 EL Pinien- oder Sonnenblumenkerne
3 grosse schöne Salatblätter

Sauce:
2 EL kaltgepresstes Olivenöl
2 EL saurer Halbrahm
3 EL Hüttenkäse
1 EL frischer Zitronensaft
einige Blätter Basilikum
Pfeffer aus der Mühle
wenig Kräutermeersalz

Den Brokkoli waschen und nur kurz in wenig Wasser garen (er sollte noch Biss haben). Abkühlen lassen.

Die Kerne in einer Bratpfanne ohne Fett kurz rösten, bis sie fein duften.

Für die Sauce das Olivenöl, den sauren Halbrahm, den Hüttenkäse und den Zitronensaft gut verrühren. Mit geschnittenem Basilikum, Pfeffer und Salz abschmecken.

Die Salatblätter waschen, trocknen und auf einer Platte verteilen. Den Brokkoli darauf anrichten, die Salatsauce darübergeben und mit den Pinienkernen bestreuen.

Kartoffelsalat

1 kg gekochte Kartoffeln

Sauce:
2 dl Gemüsebrühe
6 EL saurer Halbrahm
2 EL Obstessig oder Weinessig
80 g Essiggurken
1 EL grober, milder Senf
Pfeffer aus der Mühle
Kräutermeersalz

Für die Sauce die Gemüsebrühe, den sauren Halbrahm und den Essig gut verrühren. Die Essiggurken klein würfeln und dazugeben. Mit Pfeffer und Kräutermeersalz kräftig würzen.

Die gekochten Kartoffeln schälen, in Scheiben schneiden und mit der Sauce vermischen. Etwa 10 Minuten ziehen lassen.

Varianten

Nach Belieben kann eine fein gehackte Zwiebel der Sauce beigefügt werden.

Soll der Kartoffelsalat als kleine Abendmahlzeit serviert werden, mischt man zusätzlich kleingeschnittenes Gemüse bei, je nach Saison z. B. Tomatenschnitze, gedünstete Lauchringe oder Blumenkohlröschen.

Blattsalat an Joghurtdressing

1 grosser Kopfsalat

Sauce:
180 g Joghurt nature
1 dl Vollmilch
3 EL milder Obstessig
1 Bund Schnittlauch oder Petersilie
Pfeffer aus der Mühle
wenig Kräutermeersalz
1 Msp. Currypulver nach Belieben

Zuerst die Zutaten für die Sauce gut verrühren. Die Kräuter mit der Küchenschere fein schneiden.

Die einzelnen Salatblätter unter fliessendem Wasser gut waschen (nicht einweichen!) und trockenschleudern. Erst jetzt die welken Blätter entfernen und die schönen in mundgerechte Stücke zupfen.

Mit dem Joghurtdressing sorgfältig vermischen und sofort servieren.

Varianten
Je nach Saison Endiviensalat, Radicchio oder Eisbergsalat anstelle von Kopfsalat verwenden.

Nüsslisalat an Kräuter-Vinaigrette

250 g Nüsslisalat (Feldsalat)

Sauce:
1 kleine Schalotte, gehackt
1 Knoblauchzehe, gepresst
3 EL Rotweinessig
1 EL kaltgepresstes Distel- oder Sonnenblumenöl
3 EL Wasser
1 TL milder Senf
viele frische Kräuter
Pfeffer aus der Mühle
Kräutermeersalz
einige Baumnüsse, gehackt
1 hartgekochtes Freilandei nach Belieben

Zuerst die Zutaten für die Sauce gut verrühren und mit den Gewürzen kräftig abschmecken.

Den Nüsslisalat gut waschen und trockenschleudern. Auf kleinen Salattellern anrichten.

Die Salatsauce darüberträufeln und mit gehackten Baumnüssen, eventuell mit gehacktem Ei bestreuen.

1 kleiner Blattsalat (z. B. Eisberg, Kopfsalat, Chicorée, Lollo rosso)
1 kleiner Fenchel
2 mittelgrosse Karotten
1 kleiner Kohlrabi
½ Salatgurke
3 Tomaten
200 g Hüttenkäse
1 Handvoll Sonnenblumenkerne

Sauce:
2 EL kaltgepresstes Sonnenblumenöl
2 EL milder Obstessig
180 g Joghurt nature
½ dl Vollmilch
1 TL milder Senf
½ TL Hefewürzpaste
1 kleine Knoblauchzehe, gepresst
1 Handvoll frische Kräuter (z. B. Schnittlauch, Petersilie)
1 Msp. mildes Currypulver
wenig Kräutermeersalz
wenig Pfeffer aus der Mühle

Die Zutaten für die Sauce gut verrühren.

Den Blattsalat unter fliessendem Wasser kurz waschen, trockenschleudern und in mundgerechte Stücke zupfen.

Das Gemüse gut waschen und je nach Gemüsesorte schälen.

Den Fenchel sehr fein schneiden, die Karotten raspeln, den Kohlrabi in Stäbchen schneiden, die Gurke in feine Scheiben und die Tomaten in Schnitze schneiden.

Die Sonnenblumenkerne ohne Fett kurz rösten, bis sie würzig duften.

Eine grosse flache Servierplatte mit den Salatblättern belegen. Die verschiedenen Gemüsesorten und den Hüttenkäse – farblich aufeinander abgestimmt – darauf verteilen.

Die Salatsauce fein darüberträufeln oder separat dazu servieren. Am Schluss die gerösteten Sonnenblumenkerne darüberstreuen.

Tips
Um Zeit zu sparen, kann man die Salatsauce im voraus zubereiten. Dafür mischt man eine mehrfache Menge von Essig, Öl, Kräutern und Gewürzen nach Grundrezept zusammen. Bei Bedarf streckt man die Sauce mit Milch/Milchprodukten. Um mehr Abwechslung zu erhalten, können auch die Gewürzkräuter variiert werden.

Varianten
Je nach Saison können beliebige andere kleingeschnittene Gemüsesorten verwendet werden.

Griechischer Tomatensalat

Bild rechts
4 fleischige Tomaten
½ Salatgurke
3 EL schwarze Oliven
100 g Fetakäse
1 kleine Zwiebel
einige Blätter frischer Basilikum

Sauce:
4 EL kaltgepresstes Olivenöl
2 EL milder Obstessig
1 Knoblauchzehe, gepresst
Pfeffer aus der Mühle
Kräutermeersalz

Zuerst die Zutaten für die Sauce vermischen.

Die Tomaten in Schnitze, die Gurke in dünne Scheiben, den Fetakäse in Würfel und die Zwiebel in feine Ringe schneiden.

Zusammen mit den Oliven unter die vorbereitete Sauce mischen und mit fein geschnittenen Basilikumblättern bestreuen.

Gurkensalat mit Roquefort

Bild Umschlagrückseite
1 grosse Salatgurke
5 Radieschen
1 Bund Schnittlauch

Sauce:
50 g Roquefortkäse
2 EL heisses Wasser
½ EL frischer Zitronensaft
1 EL kaltgepresstes Sonnenblumenöl
Pfeffer aus der Mühle
wenig Kräutermeersalz
evtl. Cayennepfeffer

Zuerst die Sauce zubereiten. Dafür den Roquefortkäse mit heissem Wasser gut verrühren und die restlichen Zutaten dazugeben. Nach Belieben kräftig würzen.

Die Gurke und die Radieschen gut waschen. In feine Scheiben schneiden und mit der Sauce vermischen.

Den Schnittlauch mit der Küchenschere fein schneiden und darüberstreuen.

Variante
Anstelle des Roqueforts einen Kräuterfrischkäse verwenden.

Kohlrabi-Karottensalat

2 kleine Kohlrabi
2 mittlere Karotten
2 Äpfel

Sauce:
2 EL frischer Zitronensaft
180 g Joghurt nature
3 EL Vollmilch
1 TL Birnendicksaft oder Honig
Pfeffer aus der Mühle
Kräutermeersalz

Zuerst die Sauce zubereiten und mit den Gewürzen abschmecken.

Die Kohlrabi schälen. Die Karotten unter fliessendem Wasser gut bürsten. Die Äpfel waschen, halbieren und das Kerngehäuse entfernen. Alles fein raspeln und sofort unter die Sauce mischen.

Chicoréesalat mit Bananen

3–4 Chicoréestangen
1 kleine Banane
1 Handvoll gehackte Baumnüsse

Sauce:
1 reife Banane
2 EL saurer Halbrahm
180 g Joghurt nature
Saft einer ½ Zitrone
½ TL mildes Currypulver
½ TL Akazienhonig
wenig Pfeffer aus der Mühle
wenig Kräutermeersalz
1 EL Petersilie, gehackt

Zuerst die Sauce zubereiten.

Die Banane mit einer Gabel gut zerdrücken und mit dem sauren Halbrahm, dem Joghurt und dem Zitronensaft verrühren.

Das Currypulver, den Honig und die Petersilie beifügen. Mit Pfeffer und Salz leicht abschmecken.

Von den Chicoréestangen den Strunk wegschneiden. Chicorée kurz unter fliessendem Wasser waschen und in mundgerechte Stücke schneiden. Die Banane in Scheiben schneiden.

Sofort mit der vorbereiteten Salatsauce mischen. Die gehackten Baumnüsse darüberstreuen.

Linsensalat mit Kürbiskernöl

200 g grüne Linsen
3–4 dl Gemüsebrühe
2 grosse Tomaten
2 EL Kürbiskerne

Sauce:
4 EL kaltgepresstes Kürbiskernöl
3 EL milder Obstessig
1–2 grosse Essiggurken
1 kleine Zwiebel
1 Bund Petersilie, gehackt
Pfeffer aus der Mühle
wenig Kräutermeersalz

Die Linsen in der Gemüsebrühe etwa 20 Minuten weich kochen.

Für die Salatsauce die Essiggurken in kleine Würfel schneiden, die Zwiebel fein hacken und mit dem Kürbiskernöl und dem Essig gut vermischen. Die Petersilie dazugeben und mit Pfeffer und Salz abschmecken.

Die Tomaten in kleine Schnitze schneiden und mit den abgekühlten, gekochten Linsen unter die Sauce geben. Mit den Kürbiskernen bestreuen.

Tip

Kaltgepresstes Kürbiskernöl hat einen intensiven Nussgeschmack. Es passt ausgezeichnet zu Hülsenfrüchten oder zur Abwechslung auch zu einem Blattsalat.

Bohnensalat

700 g grüne Bohnen

Sauce:
1 kleine Zwiebel
1 kleine Knoblauchzehe
3 EL milder Obstessig
5 EL kaltgepresstes Olivenöl
2 EL Wasser
frisches Bohnenkraut
frischer Basilikum
Pfeffer aus der Mühle
Kräutermeersalz

Die Bohnen waschen und im Dampfkochtopf etwa 10 Minuten weich kochen. Abkühlen lassen.

Für die Sauce die Zwiebel sehr fein schneiden, die Knoblauchzehe durchpressen und mit Essig, Öl und Wasser gut vermischen. Die Kräuter fein schneiden und dazugeben. Mit den Gewürzen abschmecken.

Variante

Je nach Saison können kleingeschnittene Tomatenwürfel oder gekochte Karottenscheiben beigefügt werden.

Zucchinisalat

Bild links

350 g junge, zarte Zucchini
einige Blätter frischer Basilikum

Sauce:
3 EL saurer Halbrahm
1 EL Kefir
1 EL kaltgepresstes Olivenöl
2 EL frischgepresster Zitronensaft
Pfeffer aus der Mühle
Kräutermeersalz

Zuerst die Zutaten für die Sauce zusammenrühren.

Die Zucchini waschen und die Strunkansätze wegschneiden. In sehr dünne Scheiben schneiden und auf einer grossen Platte verteilen.

Die Sauce gleichmässig darüberträufeln und mit fein geschnittenem Basilikum bestreuen.

Variante
Nach Belieben kann man kleine Fetawürfelchen über den Salat geben.

Karottensalat an Orangensauce

3 mittelgrosse Karotten
1 Orange
12 Haselnüsse

Sauce:
Saft von 2 Orangen
Saft von ½ Zitrone
½ EL kaltgepresstes Sonnenblumenöl
180 g Joghurt nature
1 EL Petersilie, gehackt
frischer oder getrockneter Majoran
Pfeffer aus der Mühle
Kräutermeersalz

Alle Zutaten für die Sauce gut verrühren und mit den Gewürzen abschmecken.

Die Karotten unter fliessendem Wasser mit einer Gemüsebürste gut waschen (nicht schälen). Grob raspeln und sofort unter die Sauce mischen.

Die Orange schälen, eventuelle Kerne entfernen und in Würfel schneiden. Unter den Salat geben.

Die Haselnüsse grob hacken und darüberstreuen.

Herzhafte und leichte Suppen

Gemüse- oder Getreidesuppen sind eine schnelle, gut bekömmliche Abendmahlzeit und besonders an kalten Wintertagen beliebt. Als Bindemittel eignen sich Vollkornmehl, Kartoffeln oder Hefeflocken.

Randen-Kartoffelsuppe

Bild Seite 32/33
300 g Randenknollen, roh
350 g Kartoffeln
1 l Gemüsebrühe
4 EL Sauerrahm
Pfeffer aus der Mühle
Kräutermeersalz

Die Randen und die Kartoffeln unter fliessendem Wasser gut bürsten, Strunkansätze und allfällige braune Stellen herausschneiden. In kleine Würfel schneiden und in der Gemüsebrühe während 15 Minuten weich kochen.

Mit dem Pürierstab die Gemüsewürfel pürieren und mit Pfeffer und Salz würzen.

Vor dem Servieren den Sauerrahm unterrühren.

Tip
Diese einfache Suppe ist innert kurzer Zeit zubereitet und findet bei Gästen grossen Anklang. Zur Dekoration gibt man vor dem Servieren einen Klecks Sauerrahm auf die Suppe.

Curry-Maissuppe

Bild Seite 32/33
1 kleine Zwiebel
1 TL eingesottene Butter
8 dl Gemüsebrühe
2 dl Vollmilch
50 g feiner Maisgriess
1 kleiner Apfel
1 TL mildes Currypulver
2 EL gehackte Petersilie
Pfeffer aus der Mühle
Kräutermeersalz

Die Zwiebel schälen, sehr fein hacken und im Fett andünsten. Die Gemüsebrühe und die Milch beifügen.

Den Maisgriess einrühren und kurz aufkochen lassen.

Den Apfel halbieren, entkernen und fein dazureiben.

Das Currypulver beifügen. Unter stetigem Rühren etwa 10 Minuten leicht köcheln lassen.

Die gehackte Petersilie unterrühren und mit Pfeffer und Salz abschmecken.

Brokkolisuppe

Bild Seite 32/33

500 g Brokkoli
1 Zwiebel
wenig eingesottene Butter
1 l Gemüsebrühe
Pfeffer aus der Mühle
frisch geriebene Muskatnuss
etwas Dill
1 dl Rahm

Den Brokkoli waschen, grobe Strunkansätze wegschneiden und in kleine Röschen teilen. Die Zwiebel schälen, fein schneiden und mit den Brokkoliröschen im Fett leicht dünsten.

Mit der Gemüsebrühe auffüllen und bei milder Hitze 10–15 Minuten leicht köcheln lassen. Mit den Gewürzen abschmecken.

Anschliessend mit dem Pürierstab pürieren und den Rahm darunterrühren.

Zucchinisuppe

1 kleine Zwiebel
1 Knoblauchzehe
½ TL eingesottene Butter
400 g Zucchini
6 dl Gemüsebrühe
einige frische Basilikumblätter
ein kleines Thymianzweiglein
Pfeffer aus der Mühle
evtl. wenig Kräutermeersalz
1 dl Rahm

Die Zwiebel und die Knoblauchzehe schälen, fein schneiden und im Fett andünsten.

Die Zucchini in kleine Würfel schneiden, beifügen und kurz mitdünsten.

Mit der Gemüsebrühe aufgiessen und etwa 10 Minuten leicht köcheln lassen. Mit dem Pürierstab pürieren.

Die Kräuter kleinschneiden und beifügen. Mit Pfeffer und eventuell Kräutermeersalz abschmecken.

Den Rahm unterrühren, nicht mehr aufkochen lassen und mit einem Tupfer Schlagrahm sofort servieren.

Tip
Überraschen Sie ihre Gäste mit dieser einfachen und köstlichen Suppe!

Tomatensuppe

Bild rechts
1 Zwiebel
2 Knoblauchzehen
1 TL eingesottene Butter
700 g Tomaten
2 EL gerebelter Oregano
1 Lorbeerblatt
6 dl Gemüsebrühe
1 dl Rahm
Pfeffer aus der Mühle

Die Zwiebel und die Knoblauchzehen schälen, fein hacken und in Fett andünsten.

Die Tomaten waschen, Stielansatz entfernen und in Würfel schneiden. Beifügen und mitdünsten. Den Oregano und das Lorbeerblatt dazugeben und mit der Gemüsebrühe auffüllen. Etwa 10 Minuten leicht köcheln lassen.

Das Lorbeerblatt entfernen. Die Suppe mit dem Pürierstab nur kurz pürieren. Mit Pfeffer abschmecken und den Rahm unterrühren.

Tip
Werden die Tomaten sehr klein geschnitten, kann auf ein Pürieren verzichtet werden. Eventuelle Tomatenhäute entfernen.

Dazu passen getoastete oder geröstete, mit Knoblauch eingeriebene Brotwürfel.

Lauch-Kartoffelsuppe

1 l Gemüsebrühe
1 Lauchstengel
1 kleine Kartoffel
Pfeffer aus der Mühle
frisch geriebene Muskatnuss
wenig Kräutermeersalz
2 EL Rahm

Den Lauch längs halbieren, unter fliessendem Wasser waschen und in feine Streifen schneiden. Die Kartoffeln gut waschen und in kleine Würfel schneiden.

In der Gemüsebrühe aufkochen und während 10–15 Minuten leicht köcheln lassen.

Mit den Gewürzen kräftig abschmecken und anschliessend mit dem Pürierstab fein pürieren. Am Schluss den Rahm unterrühren und sofort servieren.

Tip
Diese Suppe schmeckt auch kalt sehr gut.

Kürbiscremesuppe

500 g Kürbis
100 g Karotten
1 Zwiebel
1 TL eingesottene Butter
1 l Gemüsebrühe
½ TL mildes Currypulver
1 Msp. gemahlener Ingwer
Pfeffer aus der Mühle
Meersalz
4 EL Crème fraîche oder saurer Halbrahm

Den Kürbis schälen, die Kerne entfernen und das Kürbisfleisch in kleine Würfel schneiden. Die Karotten unter fliessendem Wasser gut bürsten (nicht schälen) und kleinschneiden.

Die Zwiebel schälen, hacken und im Fett andünsten.

Die Gemüsewürfel beifügen und mitdünsten. Mit der Gemüsebrühe ablöschen und etwa 15 Minuten leicht köcheln lassen.

Mit dem Pürierstab pürieren und mit den Gewürzen abschmecken. Am Schluss die Crème fraîche oder den Halbrahm unterrühren.

Tip
Ingwer gibt dieser Suppe ein feines Aroma.

Minestrone

1 kleine Zwiebel
1 kleines Stück Sellerie
1 kleiner Lauchstengel
2 kleine Kartoffeln
3 Tomaten
100 g Vollkornnudeln, gekocht
3 EL frische Kräuter
1,5 l Gemüsebrühe
wenig ungehärtetes Kokosfett
wenig geriebener Emmentaler Käse

Die Zwiebel schälen und fein schneiden. Den Sellerie, den Lauch und die Kartoffeln gut waschen, falls nötig schälen und kleinschneiden. Im Fett kurz dünsten und mit der Gemüsebrühe auffüllen. Etwa 20 Minuten bei schwacher Hitze köcheln lassen.

Die Tomaten in Würfel schneiden und zusammen mit den Vollkornnudeln beifügen. Weitere 10 Minuten köcheln lassen. Die Kräuter mit der Haushaltschere kleinschneiden, dazugeben. Mit Pfeffer würzen.

Den geriebenen Käse darüberstreuen und sofort heiss servieren.

Variante
Die Vollkornnudeln lassen sich auch durch einen Rest gekochten Vollkornreis ersetzen.

Karotten-Gerstensuppe

1 grosse Zwiebel
200 g Karotten
60 g Gerstenkörner
1 l Gemüsebrühe
2 EL gehackte Petersilie
Pfeffer aus der Mühle
wenig Kräutermeersalz
3 EL saurer Halbrahm
wenig Kokosfett zum Andünsten

Die Gerstenkörner über Nacht in Wasser einweichen.

Am nächsten Tag die Zwiebel schälen, fein hacken und im Fett andünsten.

Die Karotten gut waschen, fein raspeln und beifügen. Kurz mitdünsten und mit Gemüsebrühe ablöschen.

Die eingeweichten Gerstenkörner dazugeben und etwa 10 Minuten leicht köcheln lassen. Mit den Gewürzen abschmecken und vor dem Servieren die gehackte Petersilie und den sauren Halbrahm unterrühren.

Variante
Auch eingeweichte Grünkernkörner anstelle der Gerstenkörner eignen sich für dieses Rezept.

Haferflockensuppe

1 l Wasser
1 EL Hefegemüsepaste
50 g Haferflocken
einige frische Basilikumblätter

Das Wasser erhitzen und die Gemüse-Hefepaste darin auflösen.

Die Haferflocken einstreuen und etwa 5 Minuten leicht köcheln lassen.

Die Basilikumblätter in feine Streifen schneiden und beifügen.

Tip
Hefegemüsepaste ist eine dicke, sehr aromatische Paste aus Hefe-Extrakt, sehr kleingeschnittenem Gemüse, Meersalz und anderen Gewürzen. Sie eignet sich ideal zum sparsamen Würzen von Gemüse- und Getreidegerichten. Nachsalzen ist dann nicht mehr erforderlich.

Grünkernklösschensuppe

Bild links
30 g Butter
1,25 dl Vollmilch
Pfeffer aus der Mühle
frisch geriebene Muskatnuss
70 g feines Grünkernvollkornmehl
1 kleines Freilandei
1 l Gemüsebrühe
1 kleine Karotte

Die Butter in einer Pfanne leicht erwärmen und die Milch beifügen. Mit Pfeffer und Muskatnuss würzen und kurz aufkochen. Die Pfanne von der Herdplatte nehmen.

Sofort das Grünkernmehl *auf einmal* hineingeben. Mit einem Holzlöffel so lange rühren, bis der Teig fest zusammenhält und sich als «Kugel» vom Pfannenboden löst. In eine Schüssel geben und auseinanderdrücken. Abkühlen lassen.

Das Ei verquirlen und kräftig unter die Teigmasse rühren.

Die Gemüsebrühe zum Kochen bringen. Die Karotte in kleine Würfelchen schneiden und etwa 10 Minuten in der Suppe weich kochen.

Die Teigmasse zu sehr kleinen Klösschen formen (die Klösschen gehen um das Doppelte auf!) und in der heissen Brühe etwa 10 Minuten ziehen lassen.

Selbstgemachte Gemüsebouillon

1 l Wasser
1 Zwiebel
1 kleines Stück Lauchstengel
1 kleines Stück Sellerie
1 Karotte
1 Bund frische Petersilie
1 Nelke
1 Lorbeerblatt
Pfeffer aus der Mühle
Meersalz
frisch geriebene Muskatnuss

Das Wasser aufkochen. Das Gemüse sehr klein schneiden, die Petersilie grob hacken und dazugeben. Die Nelke und das Lorbeerblatt beifügen. Auf niedriger Temperatur etwa 40 Minuten köcheln lassen.

Absieben und mit Pfeffer, Salz, Muskatnuss würzen.

Tip

Selbstgemachte Gemüsebouillon ist einfach und schmeckt besonders fein.

Das zurückbleibende gekochte Gemüse mischt man beispielsweise unter ein Gemüse- oder Getreidegericht.

Gemüse in bunter Fülle

Grosse Gemüseteller sind wieder im Trend. Die verschiedenen Jahreszeiten bringen uns viel Abwechslung. Schonende Kochmethoden wie Dünsten, Dämpfen oder Garen sind zu bevorzugen. Langes Warmhalten oder wiederholtes Aufwärmen sollten vermieden werden, da wertvolle Inhaltsstoffe, insbesondere Vitamine, verlorengehen.

Bild Seite 42/43

Hefeteig:
500 g Weizenvollkornmehl, frisch und fein gemahlen
20 g frische Hefe
1 TL Kräutermeersalz
2 Freilandeier
3 dl Vollmilch
8 EL kaltgepresstes Olivenöl

Belag:
3 grosse Zwiebeln
500 g Champignons
6 mittelgrosse Tomaten
400 g Mozzarellakäse
150 g geriebener Greyerzer Käse
frischer Oregano
frischer Basilikum
Pfeffer aus der Mühle
Kräutermeersalz

Vollkornmehl mit Salz mischen und in eine grosse Schüssel geben. Hefe in wenig warmer Milch auflösen und mit der restlichen Milch unter das Mehl rühren. Kräftig mit dem Holzlöffel zu einem Teig schlagen. Die verquirlten Eier und das Öl beifügen und mit den Knethaken eines Handrührgerätes gut durchkneten, bis ein glatter Teig entsteht.

Bei Zimmertemperatur ca. 2 Stunden gehen lassen, bis der Teig auf das Doppelte aufgegangen ist.

Inzwischen die Zwiebeln schälen und in Ringe schneiden. Die Champignons putzen und in Scheiben schneiden. In wenig Wasser andämpfen und mit gehackten Kräutern, Pfeffer und Kräutermeersalz würzen.

Ein grosses, eingeöltes Backblech mit dem ausgewallten Hefeteig belegen. Mit einem Teil des geriebenen Greyerzer Käses bestreuen und die Zwiebeln und Pilze (ohne Saft) gleichmässig darauf verteilen. Die Tomaten in Scheiben schneiden und darüberlegen. Nochmals mit Oregano und Pfeffer würzen. Den Mozzarella in dünne Scheiben schneiden, auf der Pizza verteilen und mit dem restlichen Käse bestreuen. Im vorgeheizten Backofen bei 220 Grad ca. 25 Minuten backen.

Tips

Diese reichhaltige Gemüsepizza ergibt mit einem kleinen Salat eine vollständige Mahlzeit und reicht für 6–8 Personen. Der Hefeteig lässt sich gut einfrieren und bei Bedarf über Nacht auftauen. Nochmals gut durchkneten und wenig Vollkornmehl einarbeiten.

Für ein kleines Backblech halbiert man die Mengenangaben der Zutaten.

Varianten

Anstelle der Tomaten können in der Winterzeit gedünstete Karottenscheiben und/oder kleingeschnittene Lauchstengel verwendet werden. Auch andere Gemüsesorten eignen sich für diese Art von «Restenverwertung».

Je nach Geschmack ergänzt man die Gemüsepizza mit Kapern oder Oliven.

Rosenkohlwähe

650 g Rosenkohl
wenig Gemüsebrühe

Teig:
200 g feines Dinkelvollkornmehl
1 Prise Meersalz
60 g kalte Butter
130 g Magerquark
1 Freilandei

Guss:
2,5 dl Rahm
1 Freilandei
Pfeffer aus der Mühle
frisch geriebene Muskatnuss
Kräutermeersalz

Zuerst die Zutaten für den Teig schnell zusammenkneten und etwa 30 Minuten kühl stellen.

Inzwischen den Rosenkohl waschen, grobe Strunkansätze wegschneiden und in der Gemüsebrühe knapp weich kochen. Abkühlen lassen und halbieren.

Den Teig auf einem gefetteten Kuchenblech (Ø 28–30 cm) auslegen, eventuell mit den Fingern auseinanderdrücken und einen Rand hochziehen. Mit einer Gabel einstechen.

Die Rosenkohlhälften auf dem Boden verteilen.

Die Zutaten für den Guss mit dem Schneebesen gut verrühren und darübergiessen.

Im vorgeheizten Backofen bei 220 Grad etwa 30–35 Minuten backen. Eventuell gegen Ende der Backzeit mit einer Backfolie bedecken.

Varianten

Anstelle von Rosenkohl können je nach Saison auch andere Gemüsesorten (z. B. Karottenscheiben) verwendet werden.

LAUCHQUICHE

Bild rechts

Teig:
200 g Weizenvollkornmehl, frisch und fein gemahlen
60 g kalte Butter
1 Prise Meersalz
2–3 EL Wasser
1 Freilandei

Belag:
600 g Lauch
100 g Zwiebeln
2 EL kaltgepresstes Olivenöl
2 EL Wasser
5 dl Vollmilch
4 Freilandeier
1 Prise Kräutermeersalz
Pfeffer aus der Mühle
frisch geriebene Muskatnuss
60 g geriebener, würziger Käse

Die Zutaten für den Teig schnell zusammenkneten, zu einer Kugel formen und im Kühlschrank etwa 30 Minuten ruhen lassen.

Inzwischen den Lauch putzen, waschen und in 2 cm dicke Streifen schneiden.

Die Zwiebeln schälen, in feine Streifen schneiden und zusammen mit den Lauchstreifen im Olivenöl und Wasser andünsten.

Für den Guss die Milch und die Eier mit dem Schneebesen gut verrühren und mit den Gewürzen kräftig abschmecken.

Eine Springform mit Backtrennpapier auslegen, mit dem ausgewallten Teig belegen und einen 2 cm hohen Rand hochziehen. Mit einer Gabel mehrmals einstechen und bei 175 Grad etwa 20 Minuten ohne Belag vorbacken.

Danach die Lauch-Zwiebelstreifen gleichmässig auf dem Teigboden verteilen und den Guss darübergiessen. Bei gleicher Temperatur weitere 25 Minuten weiterbacken.

10 Minuten vor Ende der Backzeit die Lauchquiche mit dem geriebenen Käse bestreuen.

Lauchtorte

500 g Lauch
1 grosse Zwiebel
150 g feines Weizenvollkornmehl
3 Freilandeier
300 g saurer Halbrahm
½ TL gemahlener Kümmel
Paprika
Muskatnuss
Pfeffer aus der Mühle
Kräutermeersalz

Das Vollkornmehl mit den verquirlten Eiern, dem sauren Halbrahm und den Gewürzen gut verrühren. Etwa 10 Minuten stehen lassen.

Inzwischen den Lauch putzen, waschen und in 1 cm dicke Streifen schneiden. Die Zwiebel fein schneiden. Zusammen in wenig Wasser dünsten.

Das Lauch-Zwiebelgemüse mit dem Guss vermischen und in einer beschichteten Bratpfanne etwa 5 Minuten bei mittlerer Hitze fest werden lassen. Wenn sich eine Kruste gebildet hat, vorsichtig mit einer Holzspachtel vom Boden lösen. Einen grossen Teller umgedreht auf die Pfanne legen und stürzen. In die Pfanne zurückgleiten lassen und auf der anderen Seite kurz braten lassen.

In Kuchenstücke schneiden und warm servieren.

Spinatquiche

200 g feines Dinkelvollkornmehl
1 Prise Meersalz
60 g kalte Butter
100 g Magerquark
1 Freilandei
500 g frischer Spinat
100 g Zwiebeln
Pfeffer aus der Mühle
Kräutermeersalz
frisch geriebene Muskatnuss
3 EL Vollkornpaniermehl
1 dl Rahm

Das Vollkornmehl und das Salz in eine Schüssel geben. Die Butter in kleine Stückchen schneiden und schnell mit dem Mehl verkneten.

Den Quark und das Ei dazugeben und zu einem geschmeidigen Teig kneten. Etwa 30 Minuten kühl stellen.

Inzwischen den Spinat waschen und putzen (nicht einweichen!). Die Zwiebeln schälen und grob hacken. Den Spinat und die Zwiebeln in wenig Wasser dünsten, bis das Gemüse zusammenfällt.

Das Kochwasser abgiessen, das Spinat-Zwiebelgemüse eventuell ausdrücken. Mit den Gewürzen kräftig abschmecken.

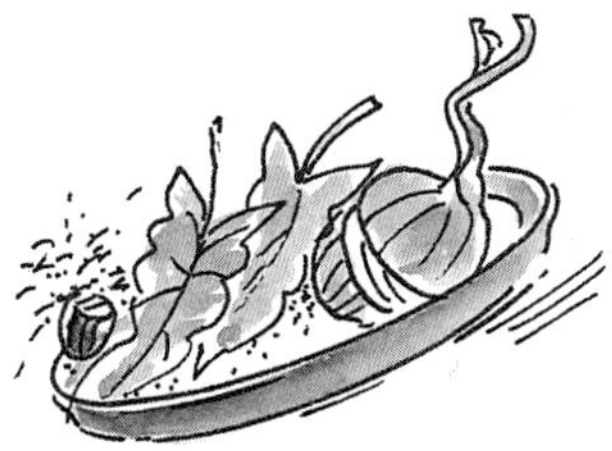

Eine runde Wähen- oder Springform (Ø 30 cm) mit Butter einfetten. Den Teig auf einer bemehlten Unterlage auswallen und in die Form legen. Mit einer Gabel einstechen und mit Vollkornpaniermehl bestreuen. Das Gemüse darauf verteilen und den Rahm darübergiessen.

Im vorgeheizten Backofen bei 220 Grad etwa 35 Minuten backen.

Tofu-Gemüsecurry

400 g Tofu (aus Bio-Sojabohnen)
4 EL Sojasauce
1 EL ungehärtetes Kokosfett
2 Zwiebeln
1 Knoblauchzehe
1,5 dl Gemüsebrühe
400 g Karotten
400 g gekochte Kartoffeln
2,5 dl Rahm
2 EL saurer Halbrahm
1 EL mildes Currypulver
Pfeffer aus der Mühle
evtl. wenig Kräutermeersalz

Den Tofu in kleine Würfel schneiden und mit Sojasauce beträufeln. Etwa 10 Minuten durchziehen lassen.

Inzwischen die Zwiebeln und Knoblauchzehe schälen, fein hacken und in wenig Kokosfett andünsten.

Die Karotten unter fliessendem Wasser gut bürsten, in Scheiben schneiden und beifügen. Mit der Gemüsebrühe ablöschen und etwa 15 Minuten gar kochen.

Die Kartoffeln in kleine Würfel schneiden und dazugeben.

Die Tofuwürfel in wenig Kokosfett beidseitig anbraten, Rahm unterrühren und würzen. Anschliessend Tofuwürfel unter das Gemüse mischen. Falls nötig noch wenig Gemüsebrühe hinzufügen.

Tip
Mit einem gemischten Saisonsalat ergibt dieses Tofu-Gemüsecurry eine vollständige Mahlzeit.

Varianten
Je nach Jahreszeit die Kartoffeln und Karotten durch Tomaten, Zucchini und Auberginen ersetzen.

Gemüseeintopf

Bild rechts

1 Zwiebel
3 Karotten
½ Wirsing
1 Lauchstengel
250 g Rosenkohl
2 Kartoffeln
1 dl Gemüsebrühe
½ Bund Petersilie, gehackt
Pfeffer aus der Mühle
Kräutermeersalz
evtl. 2 EL Sauerrahm
wenig Kokosfett zum Dünsten

Die Zwiebel schälen, fein schneiden und im Fett dünsten.

Das Gemüse gut waschen und kleinschneiden. Beifügen, kurz mitdünsten und mit der Gemüsebrühe ablöschen.

Etwa 15–20 Minuten leicht köcheln lassen. Die Petersilie dazugeben und mit den Gewürzen abschmecken. Nach Belieben den Sauerrahm unterrühren.

Tip

Dieses Rezept eignet sich besonders für Gemüseresten. Nach Belieben können einzelne Gemüsesorten weggelassen oder durch andere ersetzt werden.

Ratatouille

Umschlagbild

300 g gelbe Peperoni (Paprikaschoten)
300 g Tomaten
500 g Auberginen
500 g Zucchini
200 g Zwiebeln
1 grosse Knoblauchzehe
Pfeffer aus der Mühle
frischer Oregano
Kräutermeersalz
1 TL eingesottene Butter zum Andünsten

Die Zwiebeln und die Knoblauchzehe schälen, fein hacken und in der Butter andünsten.

Das Gemüse waschen, die Stielansätze wegschneiden und in Würfel oder Scheiben schneiden. Beifügen und auf milder Temperatur mitdünsten.

Mit den Gewürzen abschmecken.

Tip

Mit einem Getreidegericht (z. B. Vollkornreis mit Pilzen, Seite 94) und einem gemischten Salat ergibt dies eine vollständige Mahlzeit.

Panierte Sellerieschnitzel

Bild links

2 mittelgrosse Sellerieknollen
1–2 dl Gemüsebrühe
4 EL feines Weizenvollkornmehl
2 Freilandeier, verquirlt
8 EL Vollkornpaniermehl
Pfeffer aus der Mühle
wenig Kräutermeersalz
ungehärtetes Kokosfett zum Anbraten
2 Zitronen

Die Sellerie waschen, schälen und in 1–2 cm dicke Scheiben schneiden. In der Gemüsebrühe kurz dünsten (sie sollten noch Biss haben). Grosse Scheiben halbieren. Mit frischem Zitronensaft beträufeln und mit den Gewürzen beidseitig abschmecken.

Die Selleriescheiben im Mehl wenden, in die Eiflüssigkeit eintauchen und im Paniermehl wenden.

In Kokosfett beidseitig goldbraun anbraten, eventuell noch nachwürzen und mit Zitronenscheiben garnieren.

Variante

Die Sellerie durch Kohlrabi ersetzen.

Selleriegratin mit Steinpilzen

1 grosser Sellerieknollen
2–3 grosse frische Steinpilze
2 dl Vollmilch
100 g Mascarpone
2 Freilandeier
Pfeffer aus der Mühle
frisch geriebene Muskatnuss
Kräutermeersalz
50 g geriebener Parmesankäse

Den Sellerie schälen und in grosse Würfel schneiden. In wenig Wasser kurz dünsten (er sollte noch Biss haben).

Die frischen Steinpilze mit einem Backpinsel säubern (nicht wässern) und in kleine Stücke schneiden.

Eine Gratinform ausbuttern. Die Selleriewürfel und die Steinpilzstücke lagenweise übereinanderschichten.

Die Milch, den Mascarpone und die Eier mit dem Schneebesen zu einem Guss rühren und mit den Gewürzen kräftig abschmecken.

Den Guss über das Gemüse giessen und mit Parmesankäse bestreuen.

Im vorgeheizten Backofen bei 180 Grad etwa 30 Minuten gratinieren.

Karotten-Kürbisgemüse

600 g Karotten
600 g Kürbis
1 grosse Zwiebel
1 Knoblauchzehe
1 TL eingesottene Butter
1 dl Gemüsebrühe
½ Bund Petersilie, gehackt
Pfeffer aus der Mühle
Kräutermeersalz
1 Msp. Ingwerpulver
evtl. 2 EL Sauerrahm

Die Karotten unter fliessendem Wasser mit einer Gemüsebürste gut waschen und in Scheiben schneiden.

Den Kürbis schälen, entkernen und das Kürbisfleisch in Würfel schneiden.

Die Zwiebel und die Knoblauchzehen schälen, fein hacken und in Butter leicht dünsten.

Das kleingeschnittene Gemüse beifügen, mit der Gemüsebrühe ablöschen und etwa 15 Minuten leicht köcheln lassen. Die Petersilie beifügen und würzen. Nach Belieben Sauerrahm unterrühren.

Tip
Die Karotten feiner als den Kürbis schneiden, da sie eine längere Garzeit haben.

Auberginen mit Kichererbsen

125 g Kichererbsen
2 dl Gemüsebrühe
2 grosse Zwiebeln
2 Knoblauchzehen
6 EL Olivenöl
½ TL Kurkumagewürz (Gelbwurz)
1 Prise Nelkenpulver
1 Prise Kardamompulver
1 Prise mildes Paprikapulver
500–600 g Auberginen
2 TL frischer Oregano
Pfeffer aus der Mühle
evtl. Kräutermeersalz

Die Kichererbsen über Nacht in Wasser einweichen. Am nächsten Tag das Einweichwasser weggiessen und die Kichererbsen in der Gemüsebrühe etwa 30 Minuten bei schwacher Hitze weich kochen.

Die Zwiebeln schälen und in feine Streifen schneiden. Die Knoblauchzehen schälen und fein hacken. In 3 EL Olivenöl *und* 2 EL Wasser andünsten. Die abgetropften Kichererbsen beifügen und mit Nelken-, Kardamom- und Paprikapulver abschmecken.

Die Auberginen waschen, in mittelgrosse Würfel schneiden und mit den restlichen 3 EL Olivenöl leicht andünsten. Mit Oregano, Pfeffer und evtl. Kräutermeersalz würzen.

Die Kichererbsen mit den Auberginen vermischen.

Tip
Das Andünsten in kaltgepresstem Pflanzenöl mit gleichzeitiger Zugabe von Wasser verhindert ein Überhitzen des Öls.

Generell sollten jedoch kaltgepresste Öle nur in der kalten Küche verwendet werden. Durch starke Erhitzung (vor allem Braten) können wertvolle Fettsäuren ungünstig verändert werden.

Gefüllte Kohlrabi

4 kleine, zarte Kohlrabi
4 dl Wasser
1 kleine Zwiebel
1 Knoblauchzehe
350 g frische Champignons
1 TL Gemüseextraktpulver
2 EL gehackte Petersilie
3 EL Vollkornpaniermehl
4 EL geriebener Sbrinzkäse
Pfeffer aus der Mühle
Kräutermeersalz
wenig eingesottene Butter

Die Kohlrabi waschen, schälen und die Strunkansätze wie einen Deckel wegschneiden. Im Wasser etwa 20 Minuten weich kochen.

Inzwischen die Zwiebel und Knoblauchzehe schälen und fein schneiden. Die Champignons putzen (nicht wässern) und in Scheiben schneiden. In wenig eingesottener Butter andünsten und das Gemüseextraktpulver beifügen.

Die gehackte Petersilie, das Vollkornpaniermehl und den Käse untermischen. Mit den Gewürzen kräftig abschmecken.

Die Kohlrabi leicht abkühlen lassen und von der abgeschnittenen Seite her mit einem Ausstechlöffel aushöhlen. Eine gefettete Auflaufform mit den Kohlrabikugeln belegen. Die Kohlrabi mit der Masse füllen und hineinstellen.

Im vorgeheizten Backofen bei 200 Grad etwa 25 Minuten gratinieren.

Variante
Anstelle der Champignonfüllung kann man auch eine Getreidemasse, z. B. Grünkernfüllung, verwenden. Zusätzlich mischt man wenig Quark unter.

Bild rechts

Strudelteig:
250 g Dinkelvollkornmehl, frisch und fein gemahlen
½ TL Meersalz
1 dl Wasser
6 EL kaltgepresstes Olivenöl

Füllung:
2 Zwiebeln
2 Knoblauchzehen
1 mittelgrosse Karotte
2 grosse Essiggurken
350 g rohes Sauerkraut
1 TL Gemüseextraktpulver
100 g geriebener Parmesankäse
Pfeffer aus der Mühle
wenig Kräutermeersalz
1 Eigelb zum Bestreichen

Für den Teig das Vollkornmehl und das Salz in eine Schüssel geben. Mit dem Handrührgerät auf kleiner Stufe rühren und langsam Wasser und Olivenöl beifügen. Mit den Händen zu einem geschmeidigen Teig kneten. Der Teig sollte glänzend und speckig aussehen. Eventuell noch Öl beifügen. Anschliessend zu einer Kugel formen und an einem warmen Ort etwa 30 Minuten ruhen lassen.

Inzwischen das Sauerkraut mit den Händen ausdrücken und den Saft auffangen. Den Saft und das Gemüseextraktpulver in einer Pfanne erwärmen.

Die Zwiebeln und die Knoblauchzehen schälen, fein hacken und im Sauerkraut-Gemüsesaft andünsten. Die Karotte waschen, in kleine Würfelchen schneiden und diese mitdünsten, bis sie ganz weich sind.

Das Sauerkraut sehr fein schneiden und in eine grosse Schüssel geben. Mit dem gedünsteten Gemüse mischen.

Die Essiggurken fein hacken und mit dem geriebenen Käse unter die Füllung geben. Mit Pfeffer und Salz kräftig würzen.

Den Teig auf einer geölten Fläche dünn rechteckig auswallen. Die Füllung gleichmässig darauf verteilen und vorsichtig aufrollen. Beide Enden einklappen. Den Strudel auf ein mit Backtrennpapier belegtes Blech legen und mit Eigelb bestreichen.

Im vorgeheizten Backofen bei 200 Grad ca. 45 Minuten backen.

Gefüllte Champignons

Bild links
4 sehr grosse braune Champignons
1 Zwiebel
50 g geriebener Sbrinzkäse
1–2 EL Vollkornpaniermehl
½ Bund Petersilie
Pfeffer aus der Mühle
wenig Kräutermeersalz
0,5 dl Gemüsebrühe
wenig eingesottene Butter zum Andünsten

Die Champignons mit einem Backpinsel putzen. Die Stielansätze aus den Köpfen lösen (allfällige braune Stellen wegschneiden) und fein hacken.

Die Zwiebel und die Petersilie fein schneiden. In der Butter andünsten.

Die gehackten Champignonstiele mitdünsten und Paniermehl beifügen. Den Käse untermischen und mit den Gewürzen kräftig abschmecken.

Die Champignonköpfe mit der Masse füllen. Eine Auflaufform fetten, Gemüsebrühe eingiessen und die Champignonköpfe hineinstellen.

Im Backofen bei 220 Grad etwa 15–20 Minuten überbacken.

Apfel-Rotkohlgemüse

1 kg Rotkohl
1 grosse Zwiebel
½ TL Kokosfett zum Andünsten
½ TL Senfkörner
2 EL ungeschwefelte Sultaninen
2–3 dl naturtrüber Apfelsaft
500 g säuerliche Äpfel
1 EL Apfel- oder Birnendicksaft
Pfeffer aus der Mühle
milder Paprika
Kräutermeersalz

Die Zwiebel schälen, fein hacken und im Kokosfett andünsten. Den Rotkohl waschen, kleinschneiden und mitdünsten. Die Senfkörner und die Sultaninen beigeben. Mit dem Apfelsaft ablöschen und etwa 20 Minuten köcheln lassen.

Die Äpfel waschen, Kerngehäuse entfernen und in Scheiben schneiden. Die Apfelscheiben beifügen und nur kurz mitkochen. Mit den Gewürzen kräftig abschmecken und den Obstdicksaft unterrühren. Nicht mehr aufkochen lassen.

Tip
Dazu passen Getreidebratlinge und Kartoffelgratin.

Gefüllte Zucchini

Bild rechts

200 g Weizenvollkornbrot
3 dl Vollmilch
2 grosse (750 g) Zucchini
1 grosse Tomate
3 EL Magerquark
einige frische Basilikumblätter
1 EL Gemüsebrühepulver
Pfeffer aus der Mühle
Kräutermeersalz
50 g geriebener Parmesankäse

Das Vollkornbrot ohne Rinde in kleine Würfelchen schneiden oder von Hand zerbröseln. In der Milch etwa 1 Stunde einweichen.

Die Zucchini waschen, Stielansätze wegschneiden und halbieren. Die Zucchinihälften aushöhlen und in wenig Wasser kurz dämpfen.

Die Tomate waschen, Stielansatz entfernen und sehr klein schneiden. Mit dem Quark und dem fein geschnittenen Basilikum unter die Brotmasse mischen. Mit den Gewürzen kräftig abschmecken.

Die Zucchinihälften in eine gefettete Gratinform legen und mit dem Gemüsebrühepulver bestreuen. Die Masse einfüllen und den Parmesankäse darüber verteilen.

Im vorgeheizten Backofen bei 200 Grad etwa 35 Minuten überbacken.

Randen-Zwiebelgemüse

200 g Zwiebeln
1 TL eingesottene Butter
600 g Randen (Rote Bete), roh
2 dl Gemüsebrühe
2 EL frisch gepresster Zitronensaft
½ TL gemahlener Ingwer
½ TL gemahlener Anis
Pfeffer aus der Mühle
Kräutermeersalz
2 EL saurer Halbrahm oder Crème fraîche

Die Zwiebeln schälen und in feine Streifen schneiden. Die Randenknollen mit einer Gemüsebürste unter fliessendem Wasser gut waschen. Nicht schälen, nur die harten Strunkansätze wegschneiden und in kleine Würfel schneiden.

Die Zwiebelstreifen in der Butter leicht andünsten und die Randenwürfel beifügen. Mit der Gemüsebrühe und dem Zitronensaft ablöschen und etwa 15 Minuten garen lassen.

Mit den Gewürzen abschmecken und am Schluss den sauren Halbrahm oder die Crème fraîche unterziehen.

Kartoffeln und Hülsenfrüchte

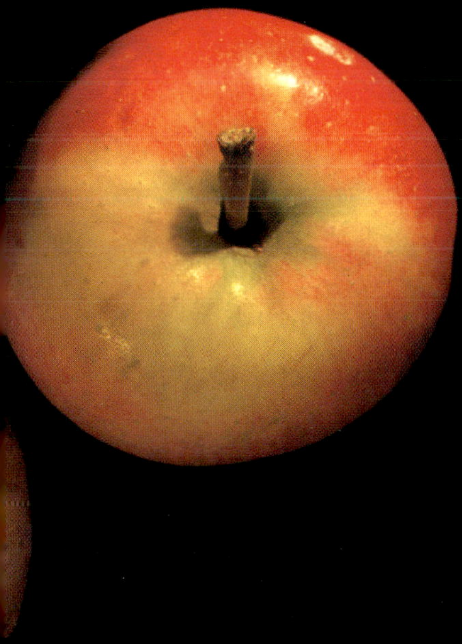

Lange als Dickmacher oder Arme-Leute-Essen verpönt, finden Kartoffeln und Hülsenfrüchte wieder Eingang in der gesunden Küche. Sie haben auch einiges zu bieten: Mineralstoffe, Vitamine, hochwertiges Eiweiss und Ballaststoffe. Einfach und köstlich zubereitet, widerlegen sie alle Vorurteile im Nu.

Linseneintopf

Bild Seite 62/63

1 Zwiebel
2 Knoblauchzehen
wenig eingesottene Butter
250 g grüne Linsen
4 kleine Kartoffeln
2 EL Sultaninen
5–6 dl Gemüsebrühe
1 grosser Apfel
1 Bund frische Petersilie
Pfeffer aus der Mühle
Kräutermeersalz

Die Zwiebel und die Knoblauchzehen schälen, fein hacken und in der Butter leicht dünsten.

Die Linsen waschen und beifügen. Die Kartoffeln unter fliessendem Wasser gut bürsten (nicht schälen), in kleine Würfel schneiden und dazugeben. Mit der Gemüsebrühe ablöschen. Die Sultaninen untermischen. Etwa 45 Minuten leicht köcheln lassen.

Den Apfel waschen, entkernen und kleinschneiden. Die letzten 10 Minuten noch mitköcheln lassen.

Mit der gehackten Petersilie und den Gewürzen abschmecken.

Überbackenes Bohnengemüse

350 g dicke, weisse Bohnen
1 l Wasser
1 Lorbeerblatt
2 Nelken
1 TL Hefegemüsepaste
2 grosse Karotten
1 grosser Lauchstengel
1 dl Gemüsebrühe
frischer oder getrockneter Thymian
Pfeffer aus der Mühle
Kräutermeersalz
180 g saurer Halbrahm
einige Butterflocken

Die getrockneten Bohnen 10–15 Stunden in Wasser einweichen und anschliessend mit dem Lorbeerblatt und den Nelken aufkochen. Etwa 1 Stunde bei milder Temperatur köcheln lassen. Die Bohnen müssen gut weich gekocht werden. Eventuell etwas Wasser nachgeben. Das Lorbeerblatt und die Nelken am Ende der Garzeit entfernen und gleichzeitig die Hefegemüsepaste unterrühren.

Die Karotten und den Lauchstengel gut waschen und kleinschneiden. In der Gemüsebrühe dünsten und mit den Gewürzen kräftig abschmecken.

Die Bohnen mit dem Gemüse mischen (es sollte kein Kochwasser übrigbleiben) und in eine kochfeste Schüssel füllen.

Den sauren Halbrahm über das Bohnengemüse streichen und einige Butterflocken darübergeben. Bei 200 Grad etwa 10–15 Minuten kurz gratinieren.

120 g grüne oder braune Linsen
2,5 dl Gemüsebrühe
½ kleine Zwiebel
1 kleine Knoblauchzehe
½ TL eingesottene Butter
1 EL Wasser
2 EL Haselnussmus
50 g Haferflocken
1 Freilandei
Pfeffer aus der Mühle
Kräutermeersalz
60 g Greyerzer Käse
1 Msp. mildes Paprikapulver
1–2 EL ungehärtetes Kokosfett

Die Linsen in einem Sieb unter fliessendem Wasser durchspülen und in der Gemüsebrühe während 20 Minuten weich kochen.

Die eingesottene Butter mit dem Wasser erhitzen. Die Zwiebel und die Knoblauchzehe schälen, fein hacken und kurz dünsten.

Die gut weichgekochten Linsen dazugeben. Das Haselnussmus, die Haferflocken und das verquirlte Ei mit der Linsenmasse gut vermengen. Mit Pfeffer und Salz kräftig würzen.

Den Käse in 6–8 dünne Scheiben schneiden.

Das Kokosfett erhitzen. Aus der Linsenmasse 6–8 kleine Bratlinge formen und im Fett anbraten. Nach dem ersten Wenden die Käsescheiben auf die Bratlinge geben und zugedeckt weiterbraten. Wenn der Käse geschmolzen ist, ein wenig mildes Paprikapulver darüberstreuen.

Tip
Die Kombination von Hülsenfrüchten mit Getreide, Nüssen, Eiern und/oder Milchprodukten ergibt eine sehr hochwertige Eiweissversorgung.

Rote Bohnen in Sesamsauce

Bild rechts

200 g rote Nierenbohnen
5–6 dl Wasser
1 grosse Zwiebel
2 Knoblauchzehen
wenig eingesottene Butter
1 dl Gemüsebrühe
2 EL Sesampaste (= Tahin)
1 EL frischer oder getrockneter Thymian
Pfeffer aus der Mühle
Paprika
Kräutermeersalz
1 EL kaltgepresstes Sesamöl

Die Bohnen über Nacht in Wasser einweichen. Am nächsten Tag 1–2 Stunden auf niedriger Temperatur weich kochen (langes Kochen macht Bohnen bekömmlicher). Eventuell noch Wasser beifügen.

Die Zwiebel und die Knoblauchzehen schälen und fein schneiden. In der Butter leicht andünsten und mit Gemüsebrühe ablöschen. Die Sesampaste unterrühren.

Erst wenn die Bohnen richtig gar sind, die Sesamsauce beigeben und mit Thymian, Pfeffer, Paprika und Salz kräftig würzen. Nochmals kurz köcheln lassen und vor dem Servieren das Sesamöl unterrühren.

Tip

Die Knoblauchzehen können auch am Schluss unter die Bohnen gepresst werden. Das Knoblaucharoma wird um so intensiver.

Dazu passen Maisschnitten oder Polenta mit Saisongemüse.

Bratkartoffeln mit Rosmarin

1 kg sehr kleine Frühkartoffeln
1 EL ungehärtetes Kokosfett
Pfeffer aus der Mühle
Kräutermeersalz
2–3 Zweiglein Rosmarin

Die Kartoffeln unter fliessendem Wasser gut bürsten (nicht schälen), abtropfen lassen und mit Haushaltspapier trocknen.

Das Fett in einer beschichteten Bratpfanne erhitzen und die Kartoffeln hineingeben.

Mit Salz und Pfeffer würzen. Die Rosmarinzweiglein abstreifen und beifügen.

Die Kartoffeln immer wieder wenden. Zugedeckt während 35 Minuten bei schwacher Hitze braten, bis sie innen weich, aussen goldbraun und knusprig sind.

Bauernrösti

Bild rechts, oben

1 kleine Zwiebel
150 g Champignons
400 g Kartoffeln, gekocht
2 Tomaten
1–2 Freilandeier
Pfeffer aus der Mühle
Kräutermeersalz
frisch geriebene Muskatnuss
1 EL eingesottene Butter oder ungehärtetes Koskosfett

Die Zwiebel schälen und fein schneiden. Die Champignons putzen (nicht wässern) und in Scheiben schneiden.

Das Fett in einer beschichteten Bratpfanne leicht erhitzen und die Zwiebeln mit den Champignons darin dünsten.

Die Tomaten in kleine Würfel schneiden, beifügen und mitdünsten.

Die Kartoffeln schälen und grob dazuraspeln. Mit flacher Holzbratschaufel die Kartoffelmasse immer wieder lockern und wenden.

Die Eier verquirlen, dazugeben und gut vermischen. Sobald die Eiermasse fest wird, mit den Gewürzen kräftig abschmecken. Sofort heiss servieren.

Käserösti

Bild rechts, unten

600 g Kartoffeln, gekocht
80 g geriebener Greyerzer Käse
Pfeffer aus der Mühle
Kräutermeersalz
frisch geriebene Muskatnuss
1 EL eingesottene Butter oder ungehärtetes Kokosfett

Das Fett in einer beschichteten Bratpfanne leicht erhitzen.

Die Kartoffeln schälen und grob hineinraspeln. Mit Pfeffer, Salz und Muskatnuss wenig würzen.

Auf niedriger Temperatur langsam anbraten, bis sich die Rösti mit Hilfe eines grossen Tellers wenden lässt. Nochmals wenig würzen.

Den geriebenen Käse über die Rösti verteilen und gut schmelzen lassen. Sobald sich an der Unterseite ebenfalls eine Kruste gebildet hat, sofort servieren.

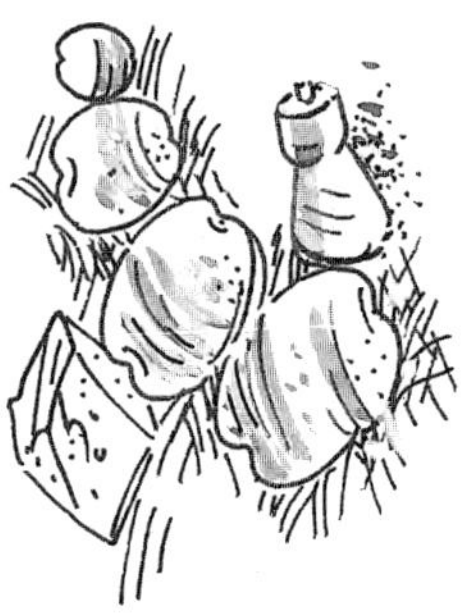

Tip

Einen Teil Käse unter die Röstimasse geben und den anderen Teil über die Rösti streuen.

Kartoffelgratin

Bild rechts
800 g Kartoffeln
1 grosse Knoblauchzehe
1 TL Butter
2 dl Vollmilch
2 dl Rahm
1 EL Gemüseextraktpulver
Pfeffer aus der Mühle
frisch geriebene Muskatnuss
Kräutermeersalz

Die Kartoffeln waschen und schälen. In sehr dünne Scheiben schneiden.

Eine grosse Gratinform mit der Hälfte der Butter einfetten. Die Knoblauchzehe schälen, auspressen und in der Form verteilen.

Den Backofen auf 200 Grad vorheizen.

Die Kartoffelscheiben flach hineinschichten und leicht mit Pfeffer, Muskatnuss und Kräutermeersalz vorwürzen. Aus der Milch, dem Rahm und dem Gemüseextraktpulver einen Guss rühren. Mit den Gewürzen kräftig würzen und gleichmässig über die Kartoffelscheiben giessen. Die restliche Butter in kleinen Flöckchen darübergeben.

Im Backofen bei 200 Grad 60–90 Minuten backen, bis die Kartoffelscheiben weich sind und sich eine schöne Kruste gebildet hat.

Kartoffel-Lauchpfanne

700 g Kartoffeln
500 g Lauch
1 Zwiebel
1 TL eingesottene Butter
2 dl Gemüsebrühe
1 dl Rahm
Pfeffer aus der Mühle
frisch geriebene Muskatnuss

Die Kartoffeln gut waschen und in dünne Scheiben schneiden. Den Lauch putzen, waschen und in 1 cm dicke Ringe schneiden.

Die Zwiebel schälen, fein hacken und in der Butter leicht dünsten. Die Lauchringe beifügen und etwa 5 Minuten mitdünsten.

Die Kartoffelscheiben dazugeben und mit der Gemüsebrühe ablöschen. Während 20 Minuten leicht köcheln lassen. Die Kartoffelscheiben sollten leicht zerfallen.

Mit Pfeffer und Muskatnuss würzen und am Schluss mit Rahm verfeinern.

Gefüllte Kartoffelnestchen

Bild links
300 g Kartoffeln, gekocht
2 Freilandeier
½ dl Vollmilch
Pfeffer aus der Mühle
frisch geriebene Muskatnuss
Kräutermeersalz
50 g geriebener, würziger Käse (z. B. Greyerzer)
frischer oder getrockneter Majoran

Die gekochten Kartoffeln schälen und mit einer Gabel zerdrücken.

Ein Ei und die Milch dazugeben und gut unter das Kartoffelpüree rühren. Mit Pfeffer, Muskatnuss und Salz würzen. Die Kartoffelmasse etwa 10 Minuten ziehen lassen.

Inzwischen den geriebenen Käse mit dem zweiten Ei verrühren und mit Majoran abschmecken.

Von der Kartoffelmasse mit einem Löffel runde Häufchen (Ø ca. 6 cm) auf ein mit Backtrennpapier belegtes Backblech geben und in der Mitte eine Mulde formen. Jeweils einen Teelöffel Käsemasse in die Mulde geben.

Im vorgeheizten Backofen bei 200 Grad etwa 20 Minuten überbacken.

Kartoffelauflauf

1 kg Kartoffeln
40 g Weizenvollkornmehl
2,5 dl Gemüsebrühe
2,5 dl Vollmilch
Pfeffer aus der Mühle
frisch geriebene Muskatnuss
Kräutermeersalz
100 g geriebener Tilsiterkäse
wenig Butter zum Einfetten

Die Kartoffeln unter fliessendem Wasser gut bürsten (nicht schälen) und in wenig Wasser gar kochen. Abkühlen lassen.

Das Vollkornmehl in eine Pfanne geben und mit der Gemüsebrühe verrühren. Kurz leicht köcheln lassen.

Die Milch und ¾ des Käses dazugeben. Mit den Gewürzen kräftig abschmecken.

Die Kartoffeln mit der Schale in 1 cm dicke Scheiben schneiden und in eine gefettete Auflaufform geben. Die Käsesauce darübergiessen und mit dem Käserest bestreuen.

Im vorgeheizten Backofen bei 180 Grad ca. 15–20 Minuten überbacken.

Kraft aus dem vollen Korn

Aus den verschiedenen Getreidesorten lassen sich vielerlei schmackhafte Aufläufe, Gratins, Burger und Eintöpfe zubereiten. Als Einstieg eignen sich Gerichte aus Vollkornreis, Mais, Hirse oder Grünkern. Auch Pasta-Liebhaber kommen nicht zu kurz!

Bild Seite 74/75

350 g grob geschrotete Gerste
1 Lorbeerblatt
2 Nelken
ca. 5 dl Gemüsebrühe
1 Zwiebel
1 Knoblauchzehe
2 Eigelb
100 g geriebener, würziger Käse
1 TL mildes Currypulver
Pfeffer aus der Mühle
Kräutermeersalz
2 Eiweiss

Den Gerstenschrot in die Gemüsebrühe einrühren, das Lorbeerblatt und die Nelken beifügen und kurz aufkochen. Etwa 10 Minuten leicht köcheln lassen und auf abgeschalteter Herdplatte weitere 30 Minuten quellen lassen. Das Lorbeerblatt und die Nelken entfernen.

Die Zwiebel und die Knoblauchzehe sehr fein hacken und mit den Eigelb und dem Käse unter die Gerstenmasse mischen.

Mit den Gewürzen kräftig abschmecken.

Die Eiweiss steif schlagen und sorgfältig unterheben.

Die Getreidemasse in eine gut gefettete Ringform füllen und im vorgeheizten Backofen bei 200 Grad ca. 30 Minuten backen. Vor dem Servieren stürzen.

Tips

Dazu passt gedämpftes Saisongemüse mit vielen frischen Kräutern (z. B. Zucchini und Tomaten mit Basilikum, Karotten und Lauch mit Thymian) oder aber ein feines Pilzragout aus verschiedenen frischen Pilzen. Beliebt ist dieses Rezept auch mit Vollkornreis und Tofugeschnetzeltem an Curry.

Zur Dekoration bestreut man die eingefettete Ringform mit Sesamsamen und füllt danach die Getreidemasse ein.

Varianten

Anstelle von Gerstenschrot können Weizen- oder Reisschrot verwendet werden.

Gerstenküchlein an Knoblauchsauce

2 kleine Zwiebeln
½ TL eingesottene Butter zum Andünsten
5 dl Gemüsebrühe
160 g grob geschrotete Gerste
½ TL Kurkumagewürz (Gelbwurz)
Pfeffer aus der Mühle
frisch geriebene Muskatnuss
wenig ungehärtetes Kokosfett zum Anbraten

Sauce:
180 g Joghurt nature
3 EL Magerquark
1 EL gehackte Petersilie
1 kleine Knoblauchzehe, gepresst
evtl. etwas mildes Paprikapulver

Die Zwiebeln schälen, fein hacken und in der Butter leicht andünsten.

Die Gemüsebrühe dazugeben und den Gerstenschrot einrühren.

Kurz aufkochen, das Kurkumagewürz beifügen und etwa 10 Minuten leicht köcheln lassen. Auf abgeschalteter Herdplatte weitere 20 Minuten quellen lassen.

Die Gerstenmasse mit Pfeffer und Muskatnuss würzen. Kleine Küchlein formen und im heissen Kokosfett beidseitig goldbraun anbraten.

Für die Sauce alle Zutaten gut verrühren und separat zu den Küchlein servieren.

Varianten

Den Gerstenschrot kann man auch durch Weizenschrot ersetzen.

Für eine einfache, milde Joghurtsauce rührt man die gleiche Menge Joghurt und Quark zusammen. Anstelle von Petersilie und Knoblauch mischt man einen Bund feingeschnittenen Schnittlauch unter.

4-Korn-Bratlinge mit Lauch

Bild rechts

100 g grob geschrotete Getreidemischung (z. B. Weizen, Roggen, Hafer, Gerste)
3 dl Gemüsebrühe
160 g Lauchstengel
1 grosse Knoblauchzehe, gehackt
2 EL kaltgepresstes Olivenöl
2 EL Wasser
1 Msp. mildes Currypulver
Pfeffer aus der Mühle
wenig ungehärtetes Kokosfett zum Anbraten

Die Gemüsebrühe aufkochen und den Getreideschrot einrühren. Während 10 Minuten unter ständigem Rühren leicht köcheln lassen. Anschliessend auf abgeschalteter Herdplatte weitere 50 Minuten quellen lassen.

Den Lauchstengel waschen und sehr klein schneiden. In einer Pfanne das Olivenöl mit dem Wasser erhitzen. Den geschnittenen Lauch und die gehackte Knoblauchzehe darin leicht dünsten.

Den Getreideschrot unter das Gemüse geben, gut vermischen und mit den Gewürzen abschmecken.

Kleine Bratlinge formen und im Kokosfett beidseitig anbraten.

Griessschnitten

6 dl Vollmilch
20 g Butter
120 g Weizenvollkorngriess
2 Freilandeier
Pfeffer aus der Mühle
frisch geriebene Muskatnuss
Kräutermeersalz
50 g geriebener Greyerzer Käse

Die Milch und die Hälfte der Butter erhitzen. Den Griess einrühren und mit dem Schneebesen so lange rühren, bis die Masse andickt.

Die Eier aufschlagen und untermischen. Mit den Gewürzen kräftig abschmecken.

Die Griessmasse auf ein grosses Brett 1–2 cm dick ausstreichen und einige Stunden erkalten und fest werden lassen.

Die Masse in kleine Rechtecke schneiden. Eine Gratinform mit der restlichen Butter einfetten. Die Griessschnitten schichtweise hineinlegen und mit Käse bestreuen.

Im vorgeheizten Backofen bei 200 Grad etwa 25 Minuten gratinieren.

150 g grob geschroteter Roggen
4 dl Wasser
1 kleine Zwiebel
1 kleiner Lauchstengel
250 g Champignons
10–12 schöne Wirsingblätter
1 grosse Knoblauchzehe
1 EL Gemüseextraktpulver
Pfeffer aus der Mühle
wenig Kräutermeersalz
1 TL eingesottene Butter zum Dünsten und Einfetten

Den Roggenschrot im Wasser aufkochen und etwa 10 Minuten unter ständigem Rühren leicht köcheln lassen. Etwa 30 Minuten quellen lassen.

Inzwischen die Zwiebel schälen und hacken. Den Lauchstengel waschen und sehr klein schneiden. Die Champignons putzen und in Scheiben schneiden. Alles in wenig eingesottener Butter dünsten, eventuell etwas Wasser beifügen.

Die Knoblauchzehe schälen und am Schluss dazupressen. Das Gemüseextraktpulver beifügen und mit Pfeffer und Salz kräftig würzen.

Den weichgekochten Roggenschrot untermischen. Falls die Masse zu trocken ist, wenig Wasser dazugeben.

Die dicken Rippen der Wirsingblätter wegschneiden. Wirsingblätter in Wasser kurz weich kochen. Auf einem grossen Brett ausbreiten und leicht abkühlen lassen. Die Füllung darauf verteilen und einwickeln.

Die gefüllten Wickel in eine gebutterte Gratinform legen. Wenig Wasser eingiessen und im vorgeheizten Backofen bei 200 Grad etwa 25 Minuten schmoren lassen.

Tip
Dazu passt eine schnelle Currysauce: 200 g sauren Halbrahm mit 1 dl Vollmilch erwärmen, 1 EL mildes Currypulver beifügen und mit Pfeffer und Kräutermeersalz abschmecken.

Variante
Den Roggen durch Vollkornreis ersetzen.

Weizen-Käsebratlinge

200 g grob geschroteter Weizen
ca. 4 dl Gemüsebrühe
1 Lorbeerblatt
2 Nelken
1 EL Magerquark
2 EL saurer Halbrahm
100 g geriebener Parmesankäse
frischer oder getrockneter Thymian
Pfeffer aus der Mühle
frisch geriebene Muskatnuss
wenig Kräutermeersalz
wenig ungehärtetes Kokosfett

Den Weizenschrot in der Gemüsebrühe mit dem Lorbeerblatt und den Nelken kurz aufkochen und etwa 10 Minuten leicht köcheln lassen. Auf abgeschalteter Herdplatte weitere 30 Minuten quellen lassen. Lorbeerblatt und Nelken entfernen.

Den Quark, den sauren Halbrahm und den Käse untermengen. Mit den Kräutern und Gewürzen kräftig abschmecken.

Mit feuchten Händen kleine, flache Bratlinge formen und im Kokosfett bei mittlerer Hitze beidseitig braten.

Hirsesoufflé

120 g Goldhirse
6 dl Gemüsebrühe
3 Eigelb
150 g geriebener Sbrinz
Pfeffer aus der Mühle
frisch geriebene Muskatnuss
Kräutermeersalz
2 Safranblüten oder wenig Safranpulver
1 Msp. Backpulver
3 Eiweiss

Die Gemüsebrühe erhitzen und die Hirse einrühren. Etwa 10 Minuten leicht köcheln lassen und auf abgeschalteter Herdplatte weitere 30 Minuten quellen lassen.

Das Eigelb und den Käse untermischen, das Backpulver beifügen und mit den Gewürzen kräftig abschmecken.

Das Eiweiss steif schlagen und sorgfältig unter die Hirsemasse heben.

Die Masse in eine Souffléform füllen und im vorgeheizten Backofen auf der untersten Rille bei 200 Grad 45 Minuten backen.

Dazu passt eine selbstgemachte Tomatensauce.

Bild rechts
1 kleine Zwiebel
80 g Goldhirse
ca. 3 dl Gemüsebrühe
1 Lorbeerblatt
4 grosse Tomaten
100 g Magerquark
80 g geriebener Greyerzer Käse
1 Knoblauchzehe, gepresst
1 Zweiglein frischer Thymian
Pfeffer aus der Mühle
Kräutermeersalz
wenig ungehärtetes Kokosfett zum Andünsten

Zwiebel schälen, fein hacken und im Kokosfett andünsten.

Mit Gemüsebrühe auffüllen und das Lorbeerblatt beifügen. Die Hirse einrühren, kurz aufkochen und während 15 Minuten leicht köcheln lassen. Nochmals 10 Minuten auf abgeschalteter Herdplatte quellen lassen. Lorbeerblatt entfernen.

Inzwischen die Tomaten waschen, an der Blütenseite einen Deckel abschneiden und aushöhlen.

Die gekochte Hirse mit dem Quark, dem Käse und der Knoblauchzehe gut vermischen. Mit den gehackten Kräutern und den Gewürzen kräftig abschmecken.

Die Hirsemasse in die ausgehöhlten Tomaten füllen. Eine Auflaufform einfetten, wenig Gemüsebrühe eingiessen und die gefüllten Tomaten hineinstellen.

Im vorgeheizten Backofen bei 200 Grad etwa 30 Minuten gratinieren.

Tip
Das Tomatenfleisch für eine frische Tomatensuppe verwenden oder kleingeschnitten unter den Salat mischen.

Varianten
Die Tomaten können durch rote, gelbe oder grüne Peperoni (Paprikaschoten) ersetzt werden. Dann das Kerngehäuse vollständig herausschneiden. Je nach Grösse der Peperoni muss mehr Hirsefüllung zubereitet werden.

Hirse-Tomatenpfanne

125 g Goldhirse
3 dl Gemüsebrühe
1 grosse Zwiebel
1 TL eingesottene Butter
3–4 grosse, fleischige Tomaten
1 Bund frische Kräuter (Oregano, Thymian, Basilikum)
Pfeffer aus der Mühle
Kräutermeersalz
50 g geriebener Parmesankäse

Die Gemüsebrühe aufkochen und die Hirse einrühren. Bei mittlerer Hitze etwa 10 Minuten leicht köcheln lassen und anschliessend auf abgeschalteter Herdplatte weitere 20 Minuten quellen lassen.

Inzwischen die Zwiebel schälen und kleinschneiden. In der eingesottenen Butter leicht andünsten.

Die Tomaten in mittelgrosse Würfel schneiden, beifügen und mitdünsten. Mit den gehackten Kräutern und den Gewürzen abschmecken.

Das Tomatengemüse unter die Hirse mischen und den Käse unterziehen.

Tips

Als Hauptmahlzeit ohne Beilagen doppelte Menge der Zutaten verwenden.

Im Winter können anstelle der Tomaten kleingeschnittene Lauchstengel verwendet werden. Auch Gemüsereste lassen sich ideal in diesem Rezept verwerten.

Buchweizen-Spinatlasagne

Teig:
100 g feines Buchweizenvollkornmehl
50 g feines Dinkelvollkornmehl
1 TL Meersalz
1 kleines Freilandei
1 dl Wasser
1 EL kaltgepresstes Olivenöl

Zuerst die Zutaten für den Teig zusammenkneten und 30 Minuten ruhen lassen.

Inzwischen den Spinat während des Dünstens auftauen lassen. Das Wasser abschütten. Die Knoblauchzehe schälen, auspressen und mit dem Hüttenkäse unter den Spinat mischen. Mit Pfeffer und Kräutermeersalz sehr kräftig würzen. Den Rahm beifügen.

Zwei Liter Wasser mit dem Gemüseextraktpulver zum Kochen bringen. Inzwischen den Buchweizenteig auf einer gut bemehlten Fläche dünn auswallen.

Füllung:
800 g tiefgekühlter Blattspinat
1 grosse Knoblauchzehe
5 EL Hüttenkäse
3–4 EL Rahm
Pfeffer aus der Mühle
Kräutermeersalz
1 EL Gemüseextraktpulver
wenig Butter zum Einfetten
70 g geriebener Parmesankäse

Mit dem Teigrädchen Rechtecke (7 × 10 cm) schneiden und in der Gemüsebrühe etwa 4 Minuten weich kochen.

Eine rechteckige Gratinform ausbuttern und lagenweise Teigblätter und Spinat einfüllen. Am Schluss mit Parmesankäse bestreuen.

Im vorgeheizten Backofen bei 220 Grad etwa 25 Minuten gratinieren.

Variante
Die Spinatfüllung durch gedünstete Karottenscheiben ersetzen. Den Knoblauch weglassen und dafür viel gehackte Petersilie verwenden.

Grünkern-Brotaufstrich

100 g Grünkern, grob geschrotet
2 dl Gemüsebrühe
1 kleine Zwiebel
1 Bund frische Kräuter (z. B. Basilikum, Schnittlauch, Petersilie)
2 EL Magerquark
1 EL kaltgepresstes Sonnenblumenöl
2 TL grobkörniger Senf
Pfeffer aus der Mühle
frisch geriebene Muskatnuss
wenig Kräutermeersalz

Den Grünkernschrot in der Gemüsebrühe kurz aufkochen und anschliessend etwa 30 Minuten auf abgeschalteter Herdplatte ausquellen und abkühlen lassen.

Die Zwiebel und die Kräuter sehr fein schneiden und unter den Schrot mischen.

Die restlichen Zutaten gut untermengen und mit den Gewürzen kräftig abschmecken.

Grünkerneintopf mit Gemüse

Bild rechts

250 g Grünkern
5 dl Wasser
1 Lorbeerblatt
2 Nelken
250 g Karotten
250 g Rosenkohl oder Wirz
2 Zwiebeln
1 Knoblauchzehe
wenig Fett zum Dünsten
1,5 dl Gemüsebrühe
viele frische oder getrocknete Kräuter
80 g geriebener, würziger Käse

Den Grünkern über Nacht in Wasser einweichen. Am nächsten Tag den Grünkern mit der Einweichflüssigkeit, dem Lorbeerblatt und den Nelken kurz aufkochen und etwa 15 Minuten leicht köcheln lassen. Auf abgeschalteter Herdplatte weitere 30 Minuten quellen lassen. Lorbeerblatt und Nelken entfernen.

Die Zwiebeln und die Knoblauchzehe schälen, fein hacken und in wenig Fett andünsten.

Das Gemüse waschen. Die Karotten in Stäbchen schneiden und den Rosenkohl halbieren (den Wirz in feine Streifen schneiden). Kurz mitdünsten, mit wenig Gemüsebrühe ablöschen. Mit den Kräutern würzen.

Das Gemüse unter die Grünkernmasse geben und den Käse unterheben.

Blumenkohl-Grünkernauflauf

180 g Grünkern
ca. 3 dl Gemüsebrühe
1 kleiner Blumenkohl
2 Freilandeier
250 g Magerquark
5 EL Vollmilch
1 Bund Schnittlauch
Pfeffer aus der Mühle
frisch geriebene Muskatnuss
Kräutermeersalz
wenig Butter zum Einfetten

Den Grünkern in der Gemüsebrühe etwa 20 Minuten weich kochen.

Inzwischen den Blumenkohl in kleine Röschen zerteilen und in wenig Wasser 5–10 Minuten weich kochen (er sollte noch Biss haben).

Für den Guss die Eier, den Quark und die Milch mit dem Schneebesen gut verrühren. Den Schnittlauch fein schneiden und beifügen. Mit den Gewürzen kräftig abschmecken.

Eine Auflaufform einfetten. Die Blumenkohlröschen und den Grünkern abwechselnd einfüllen und den Guss darübergiessen.

Im vorgeheizten Backofen bei 200 Grad etwa 20 Minuten überbacken.

Mini-Maispizzas

Bild links
150 g feiner Maisgriess
4 dl Gemüsebrühe
2–3 Knoblauchzehen
2 mittelgrosse Tomaten
150 g Taleggio-Käse
frischer oder getrockneter Oregano
Pfeffer aus der Mühle
wenig Kräutermeersalz

Die Gemüsebrühe aufkochen, den Maisgriess einrühren und unter ständigem Rühren bei milder Temperatur etwa 5–10 Minuten köcheln lassen.

Sobald die Maismasse andickt, auf ein grosses Brett 1–2 cm dick ausstreichen und einige Stunden erkalten und fest werden lassen.

Mit einem Trinkglas (Ø 7 cm) runde Förmchen ausstechen und mit Oregano bestreuen.

Die Knoblauchzehen schälen und fein hacken. Die Tomaten und den Käse in dünne Scheiben schneiden. Die Maiskuchen mit wenig Knoblauch bestreuen und mit einer Tomatenscheibe belegen. Mit Pfeffer, Kräutermeersalz und Oregano würzen. Die Käsescheiben darauflegen.

Im vorgeheizten Backofen bei 220 Grad etwa 20 Minuten überbacken.

Polentaküchlein

200 g feiner Maisgriess
6 dl Vollmilch
20 g Butter
80 g geriebener Sbrinzkäse
Pfeffer aus der Mühle
frisch geriebene Muskatnuss

Milch, Butter und Sbrinzkäse leicht aufkochen lassen und Maisgriess einrühren. Mit Pfeffer und Muskatnuss würzen.

Unter stetigem Rühren etwa 10 Minuten leicht köcheln lassen. Sobald der Maisbrei andickt, auf ein Brett 1–2 cm dick ausstreichen und erkalten lassen.

In Vierecke schneiden und in der Pfanne ohne Fett beidseitig goldbraun braten.

Tips

Die Milch kann zur Hälfte durch Gemüsebrühe ersetzt werden. Dazu passt eine selbstgemachte Tomatensauce.

Haferpfannkuchen mit Sojasprossen

Bild rechts

Pfannkuchenteig:
50 g Weizen, frisch gemahlen
75 g Hafer, frisch gemahlen
3 dl Vollmilch
2 Freilandeier, verquirlt
1 Prise Meersalz

Füllung:
600 g frische Champignons
150 g Sojasprossen
1 grosse Zwiebel, gehackt
1 Knoblauchzehe, gepresst
Pfeffer aus der Mühle
wenig Kräutermeersalz
evtl. 2 EL saurer Halbrahm
ungehärtetes Kokosfett

Die Zutaten für den Teig mit dem Schneebesen gut verrühren und etwa 30 Minuten ruhen lassen.

Inzwischen die gehackte Zwiebel und die gepresste Knoblauchzehe im Kokosfett andünsten.

Die Champignons putzen, in Scheiben schneiden und zusammen mit den Sojasprossen mitdünsten. Mit den Gewürzen kräftig abschmecken.

Nach Belieben den sauren Halbrahm unterrühren.

In einer Bratpfanne wenig Kokosfett erhitzen. Pro Pfannkuchen eine Suppenkelle Teigmasse gleichmässig in der Pfanne verteilen und ausbacken.

Die Pfannkuchen mit der Champignons-Sprossen-Füllung belegen und sofort servieren.

Tip

Je nach Saison kann kleingeschnittenes Gemüse anstelle der Champignons verwendet werden.

Milchreis mit Früchten

200 g Vollkornreis
3 dl Wasser
2 dl Vollmilch
1 Vanilleschote
1 dl Rahm
1–2 EL Akazienhonig je nach Süsse der Früchte
500 g frische Früchte nach Saison (z. B. Aprikosen, Himbeeren, Orangen)

Den Vollkornreis mit dem Wasser und der Milch aufkochen. Die Vanilleschote längs aufschneiden und beifügen. Während 20 Minuten leicht köcheln lassen und anschliessend auf abgeschalteter Herdplatte noch eine Stunde quellen lassen.

Die Vanilleschote auskratzen und entfernen. Den Rahm (evtl. noch etwas Milch) unterrühren und mit Honig süssen.

Die Früchte waschen, grössere Früchte kleinschneiden und sorgfältig unter den Milchreis mischen oder separat dazu servieren.

Curryreis mit Cashewnüssen

Bild rechts
250 g Vollkornreis
ca. 8 dl Wasser
1 EL Gemüseextraktpulver
1 TL scharfes Currypulver
1 TL Butter
1 Zwiebel
2 Äpfel
4 EL ungeschwefelte Sultaninen, in Wasser eingeweicht
100 g Cashewnüsse
Pfeffer aus der Mühle
Kräutermeersalz

Reis in einem Sieb unter fliessendem Wasser durchspülen und im Wasser einweichen.

Am nächsten Tag mit dem Einweichwasser kalt aufsetzen, kurz aufkochen und während 10 Minuten leicht köcheln lassen. Auf abgeschalteter Herdplatte weitere 40 Minuten quellen lassen. Das Gemüseextraktpulver und das Currypulver beifügen. Ist der Reis zu fest, gibt man noch Wasser dazu.

Die Äpfel gut waschen, halbieren, das Kerngehäuse entfernen und in kleine Schnitze schneiden. Die Zwiebel schälen, fein hacken und mit den Apfelschnitzchen im Fett leicht andünsten. Die eingeweichten Sultaninen dazugeben. Eventuell noch Wasser beifügen.

Mit dem Reis vermischen, bei Bedarf mit Pfeffer und Kräutermeersalz würzen und mit den Cashewnüssen bestreuen.

Tip

Weniger scharf wird der Curry-Reis mit einem milden Currypulver.

Wer es typisch indisch mag, mischt feingeschnittene, frische Korianderblätter unter den Reis.

Vollkornrisotto

Umschlagbild

250 g Vollkornreis
ca. 7 dl Wasser
1 Lorbeerblatt
2 Nelken
1 EL Gemüseextraktpulver
1 grosse Zwiebel
2 Knoblauchzehen
250 g Champignons, Steinpilze oder gemischte Waldpilze
80 g geriebener Parmesankäse
Pfeffer aus der Mühle
Kräutermeersalz

Den Vollkornreis unter fliessendem Wasser durchspülen und über Nacht in Wasser einweichen.

Am nächsten Tag den Reis mit dem Einweichwasser, dem Lorbeerblatt und den Nelken kalt aufsetzen, kurz aufkochen und während 10 Minuten leicht köcheln lassen. Gemüseextraktpulver beifügen und auf abgeschalteter Herdplatte weitere 30 Minuten quellen lassen. Das Lorbeerblatt und die Nelken entfernen.

Die Zwiebel und die Knoblauchzehen schälen. Die Zwiebel fein hacken und im Fett dünsten. Die Knoblauchzehen auspressen und beifügen.

Die Champignons putzen, in Scheiben schneiden und kurz mitdünsten.

Zwiebeln, Knoblauchzehen und Champignons mit dem Reis mischen und würzen. Den Käse unterziehen.

Makkaroniauflauf mit Kartoffeln

350 g Kartoffeln, gekocht
200 g Vollkorn-Makkaroni
8 dl Gemüsebrühe
200 g Zwiebeln
150 g Kräuterfrischkäse (z. B. Boursin)
2 Freilandeier
2 dl Vollmilch
Pfeffer aus der Mühle
Kräutermeersalz
frisch geriebene Muskatnuss
50 g geriebener Greyerzer Käse
10 g Butter

Die Makkaroni in der Gemüsebrühe al dente kochen.

Die Zwiebeln schälen, in feine Streifen schneiden und in wenig Kochflüssigkeit der Teigwaren dünsten.

Die gekochten Kartoffeln schälen und in Würfel schneiden.

Eine Auflaufform einfetten und abwechselnd mit den Kartoffelwürfeln, den Zwiebelstreifen und den Makkaroni füllen.

Aus dem Kräuterkäse, den Eiern und der Milch einen Guss rühren und mit den Gewürzen kräftig abschmecken. Den Guss über die Masse geben und mit dem geriebenen Käse bestreuen. Kleine Butterflocken darauf verteilen.

Im vorgeheizten Backofen bei 200 Grad etwa 25 Minuten gratinieren.

Variante
Für einen einfachen, schnellen Makkaroniauflauf lässt man die Zwiebelstreifen weg und rührt einen würzigen Guss aus Milch und Eiern ohne Kräuterkäse.

Hörnli-Zucchinipfanne

1 kleine Zwiebel
1 Knoblauchzehe
1 TL eingesottene Butter
400 g Zucchini
½ dl Gemüsebrühe
frischer oder getrockneter Thymian
Pfeffer aus der Mühle
Kräutermeersalz
50 g geriebener Sbrinzkäse

200 g Soja-Vollkornhörnli (kurze, kleine Makkaroni)
2 l Wasser

Das Wasser für die Teigwaren zum Kochen bringen.

Inzwischen die Zwiebel und die Knoblauchzehe schälen, fein hacken und in der eingesottenen Butter leicht andünsten.

Die Zucchini waschen, die Strunkansätze entfernen und in Scheiben schneiden. Beifügen, kurz mitdünsten und mit Gemüsebrühe ablöschen. Mit den Gewürzen kräftig abschmecken.

Die Vollkornhörnli im kochenden Wasser al dente kochen, abtropfen lassen und mit den Zucchini vermischen.

Den geriebenen Käse unterziehen und sofort servieren.

Variante
Zur Abwechslung ersetzt man die Hälfte der Zucchini durch frische Tomatenwürfel und serviert dieses Zucchini-Tomatengemüse separat zu den Teigwaren.

Vollkornlasagne mit Champignons

Bild links

5 grosse Knoblauchzehen
200 g Zwiebeln
wenig eingesottene Butter
850 g frische Champignons
400 g Tomatensauce
2–3 EL Gemüseextrakt-pulver
1–2 EL Sauerrahm oder saurer Halbrahm
frischer oder getrockneter Oregano
Pfeffer aus der Mühle
Kräutermeersalz
200 g Vollkorn-lasagneblätter
60 g geriebener Parmesankäse

Die Knoblauchzehen und die Zwiebeln schälen. Fein hacken und in der Butter leicht dünsten.

Die Champignons putzen (nicht wässern), in Scheiben schneiden und mitdünsten. Die Tomatensauce, das Gemüseextraktpulver und den Oregano beifügen. Während 15 Minuten auf milder Hitze köcheln lassen.

Inzwischen die Lasagneblätter in reichlich Wasser ca. 10 Minuten weich kochen. Abtropfen lassen und auseinanderlegen, damit sie nicht kleben.

Den Sauerrahm unter die Tomatensauce rühren und mit den Gewürzen kräftig abschmecken.

Eine grosse, längliche Gratinform mit Butter einfetten. Zuerst die Lasagneblätter hineinlegen und abwechslungsweise mit der Sauce einschichten. Am Schluss den Käse über die Sauce streuen.

Im vorgeheizten Backofen bei 200 Grad etwa 25 Minuten gratinieren.

Nudeln an Gorgonzolasauce

400 g Soja-Vollkornnudeln
3–4 l Wasser

Sauce:
3 dl Halbrahm
180 g Gorgonzola
3 EL geriebener Parmesankäse
Pfeffer aus der Mühle
frisch geriebene Muskatnuss
Kräutermeersalz

Das Wasser für die Teigwaren aufkochen.

Inzwischen den Halbrahm in einer Pfanne leicht erwärmen, den Gorgonzola in Stückchen daruntermischen und glattrühren.

Den Parmesankäse beifügen und mit den Gewürzen kräftig abschmecken. Warm halten, aber nicht mehr aufkochen lassen.

Die Vollkornnudeln im heissen Wasser al dente kochen, abtropfen lassen und sofort mit der Gorgonzolasauce vermischen.

Bild rechts

120 g 4-Korn-Getreidemischung
1 dl kaltes Wasser
1 TL frischgepresster Zitronensaft
1 Apfel
1 reife Banane
einige frische Früchte nach Saison
200 g Joghurt nature
4 EL Sonnenblumenkerne

Die Getreidemischung in der Getreidemühle grob schroten und in einer Schüssel über Nacht in Wasser einweichen. Der Schrot muss mit Flüssigkeit bedeckt sein.

Am nächsten Tag den Apfel waschen, halbieren, entkernen und fein dazureiben. Unter den Getreideschrot mischen. Den Zitronensaft beifügen.

Die Banane schälen und in kleine Würfel oder Scheiben schneiden. Die Saisonfrüchte waschen und kleinschneiden. Die Früchte und den Joghurt unter das Müesli mischen.

Die Sonnenblumenkerne in einer beschichteten Bratpfanne ohne Fettzugabe kurz rösten, bis sie fein duften. Über das Müesli streuen.

Varianten

Das Müesli kann täglich abwechslungsreich und nach Belieben zubereitet werden. Die Getreidemischung durch Weizen, Roggen oder Hafer ersetzen. Anstelle der Sonnenblumenkerne eignen sich auch gehackte Nüsse, Leinsamen oder Sesam. Auch Sauermilch oder Quark als hochwertige Milchprodukte lassen sich gut verwenden. Zum Süssen sind eingeweichte, ungeschwefelte Trockenfrüchte, eventuell wenig Honig empfehlenswert.

Süsse Genüsse ohne Reue

Verzicht auf Süsses muss nicht sein! Anstelle des «weissen» Haushaltszuckers können natürliche Süssmittel wie ungeschwefelte Trockenfrüchte, Honig

Dinkelcrêpes mit Beerenmascarpone

Bild Seite 100/101

Crêpes:
2 Freilandeier
3 dl Vollmilch
1 TL Akazienhonig
1 Prise Meersalz
150 g feines Dinkelvollkornmehl

Füllung:
100 g Mascarpone
200 g Rahmquark
2–3 EL unraffinierter Vollrohrzucker
200 g frische Beeren nach Saison
wenig Maiskeimöl zum Ausbacken

Die Zutaten für den Crêpeteig mit dem Schneebesen gut verrühren und etwa 30 Minuten ruhen lassen.

Inzwischen die Füllung vorbereiten. Den Mascarpone und den Rahmquark vermischen. Den Vollrohrzucker dazusieben. Die Beeren waschen, entstielen und in kleine Würfel schneiden. Unter die Creme mischen.

Das Maiskeimöl in einer beschichteten Bratpfanne erhitzen und mehrere dünne Crêpes ausbacken.

Mit der Beeren-Mascarponecreme füllen und mit aufgeschnittenen Beerenhälften garnieren.

Variante
Für eine leichtere Füllung zwei süsse Birnen raspeln, mit frischgepresstem Zitronensaft beträufeln und etwa 300 g Magerquark untermischen.

Erdbeershake

5 dl Vollmilch
500 g Erdbeeren
3 EL Birnendicksaft

Alle Zutaten in einem hohen Gefäss mit dem Pürierstab pürieren und sofort servieren.

Anstelle der Erdbeeren können je nach Saison auch andere süsse Früchte (Himbeeren, Aprikosen, Bananen u. a) verwendet werden.

Quark-Früchtekompott

300 g Steinobst nach Saison (Zwetschgen, Aprikosen, Kirschen)
wenig Wasser
1–2 EL unraffinierter Vollrohrzucker
150 g Rahmquark
einige Haselnüsse

Die Früchte waschen, entsteinen und kleinschneiden. Mit Wasser und Vollrohrzucker leicht aufkochen lassen. Je nach verwendeter Obstsorte braucht es mehr Wasser, bis ein Kompott entsteht.

Das abgekühlte Fruchtkompott unter den Rahmquark mischen und mit gehackten Haselnüssen bestreuen.

Tip
Je nach Obstsorte wenig Zimt- oder Vanillepulver beifügen. Anstelle der Nüsse können geriebene Kokosflocken verwendet werden.

Rhabarber-Erdbeer-Dessert

2 Rhabarberstangen
1 reife Banane
250 g frische Erdbeeren
1–2 EL Ahornsirup
1 Prise Bourbonvanillepulver
1 dl Rahm
2 EL Mandeln zur Dekoration

Die Rhabarberstangen und die Banane schälen und kleinschneiden. Die Erdbeeren waschen, Stielansätze entfernen und halbieren. In einem grossen, hohen Gefäss mit dem Pürierstab alles zusammen pürieren.

Mit dem Ahornsirup süssen und das Vanillepulver unterrühren.

Den Rahm steif schlagen und unterheben.

Die Rhabarber-Erdbeercreme in kleine Dessertschalen verteilen.

Die Mandeln in feine Stäbchen schneiden und ohne Fettbeigabe in einer beschichteten Bratpfanne leicht rösten. Über die Creme streuen.

Schnelle Obstcreme

Bild rechts

180 g Joghurt nature
180 g Rahmquark
4 EL Rahm
1 reife Banane
2 EL frischer Zitronensaft
500 g reife Pfirsiche
½ TL Vanillepulver
evtl. 1 EL Ahornsirup

Den Joghurt, den Quark und den Rahm mit dem Schneebesen verrühren.

Die Banane und die Hälfte der entsteinten Pfirsiche zusammen pürieren und mit der Joghurt-Quarkmasse vermischen. Den Zitronensaft unterrühren.

Die restlichen Pfirsiche in kleine Würfelchen schneiden und mit dem Vanillepulver dazugeben.

Je nach Süsse der Früchte wenig Ahornsirup beifügen.

Varianten

Je nach Saison eignen sich Aprikosen, Beeren, Kirschen, Melonen, Birnen, Orangen, Zwetschgen (mit Zimt anstelle Vanillepulver).

Die Milchprodukte können nach Belieben variiert werden: Sauermilch, Mager- anstatt Rahmquark usw.

Zur Abwechslung streut man über die Obstcreme geriebene Kokosflocken («Schneeflocken» für Kinder), geriebene Mandeln oder Haselnüsse, geröstete Sonnenblumenkerne usw.

Bananencreme

6 reife Bananen
evtl. 1 EL unraffinierter Vollrohrzucker
1 dl Rahm
50 g geriebene Kokosflocken

Die Bananen schälen, kleinschneiden und pürieren. Nach Belieben mit Vollrohrzucker süssen.

Die Kokosflocken unterrühren. Den Rahm steif schlagen und unter die Creme heben. Sofort servieren.

Tip

Die Creme erst kurz vor dem Servieren zubereiten, da die Bananen schnell braun werden.

Bild links
Grundrezept mit Ei:
2–3 Eigelb
80–100 g heller Blütenhonig oder Ahornsirup
1 Msp. Bourbonvanillepulver
2,5 dl Rahm
2–3 Eiweiss

Das Eigelb und den Ahornsirup mit einem Handrührgerät so lange rühren, bis eine helle, cremige Masse entsteht. Den Rahm steif schlagen und unter die süsse Eigelbmasse rühren.

Das Eiweiss zu Schnee schlagen (die Spitzen sollten sich noch biegen) und unter die Masse heben, bis keine grossen Flocken mehr zu sehen sind.

Die Glacemasse in eine Gefrierschale (Metallgefässe eignen sich am besten) füllen und ins Tiefkühlfach stellen. Alle 15–30 Minuten kräftig durchrühren, damit sich weniger Eiskristalle bilden. Vor dem Servieren im Kühlschrank kurz antauen lassen.

Fruchtglace: 250 g süsse, reife Früchte (Erdbeeren, Himbeeren, Aprikosen, Bananen) pürieren und unter die Eigelbmasse rühren.

Grundrezept ohne Ei:
500 g reife Früchte (z. B. Erdbeeren)
80–100 g heller Blütenhonig oder Ahornsirup
2,5 dl Rahm
2,5 dl Joghurt nature

Die Früchte kleinschneiden und pürieren. Honig, Rahm und Joghurt gut unterrühren (eventuell nochmals kurz pürieren).

Eine kleine, längliche Kuchenform mit Klarsichtfolie auslegen, die Masse einfüllen und glattstreichen. Im Tiefkühlfach während 6–8 Stunden anfrieren lassen. Zum Servieren stürzen, die Folie entfernen und den Glacekuchen in 2–3 cm dicke Scheiben schneiden. Mit einigen Früchten und einem Minzblatt garnieren.

Frappés

Bild Seite 106

1 Grundrezept Glace
1 l Vollmilch
250 g frische, reife Früchte nach Saison
1 EL Akazienhonig nach Belieben

Zuerst das Rahmglace nach Grundrezept Seite 107 zubereiten. Nicht allzu fest gefrieren lassen.

Die Eismasse mit der Milch und den Früchten kurz pürieren. In hohe Gläser füllen und sofort servieren.

Halbgefrorenes Birnenmus

4 süsse Birnen
1 EL Butter
1 unbehandelte Zitrone
2 EL Birnendicksaft
1 dl Rahm

Die Birnen waschen, entkernen und in Würfel schneiden. Die Butter in einer Pfanne erwärmen und die Birnenwürfel darin andünsten. Während 5 Minuten leicht köcheln lassen. Mit dem Pürierstab pürieren.

Die Zitrone heiss waschen, trocknen und die Schale abreiben. Danach die Zitrone auspressen und ebenfalls unter das Mus rühren. Mit dem Birnendicksaft süssen und den Rahm beifügen.

Das Birnenmus in kleine Förmchen füllen und im Tiefkühler etwa 4 Stunden anfrieren lassen. Vor dem Servieren kurz in heisses Wasser stellen und stürzen.

Mit einem Tupfen Schlagrahm garnieren.

Variante
Anstelle der Birnen können auch Äpfel verwendet werden. Eventuell wenig naturtrüben Apfelsaft zum Dünsten beifügen.

Hirse-Bananencreme

70 g feines Hirsemehl
8 dl Wasser
1 Vanilleschote
2 EL Birnendicksaft
3 EL gemahlene Haselnüsse
3 reife Bananen
1 dl Rahm
einige ganze Haselnüsse zur Dekoration

Das Wasser erhitzen. Die Vanilleschote längs aufschneiden, das Mark auskratzen und mit der Schote beifügen. Das Hirsemehl einrühren. Bei milder Temperatur 10 Minuten leicht köcheln und anschliessend auf abgeschalteter Herdplatte weitere 10 Minuten quellen lassen. Ab und zu umrühren, damit sich keine Haut bildet. Die Vanilleschote entfernen.

Die Bananen schälen, in Würfelchen schneiden und unter die Hirsecreme mischen. Einige Bananenscheiben zur Dekoration zurückbehalten. Mit dem Birnendicksaft süssen.

Die gemahlenen Haselnüsse in einer beschichteten Bratpfanne ohne Fettzugabe leicht rösten, bis sie fein duften, und dazugeben.

Den Rahm steif schlagen und unterheben.

Die Creme mit Bananenscheiben und ganzen Haselnüssen garnieren.

Schaumcreme mit Trauben

500 g blaue Trauben
2 dl roter Traubensaft
1 TL Pfeilwurzelmehl oder Maisstärke
2 EL frisch gepresster Zitronensaft
1 grosses Freilandei

Zuerst die Trauben waschen, halbieren und nach Belieben entkernen. Zugedeckt zur Seite stellen.

Wenig Traubensaft mit dem Stärkemehl in einer Chromstahlpfanne gut verrühren. Den restlichen Traubensaft, den Zitronensaft und das verquirlte Ei dazugeben.

Langsam erhitzen und mit dem Schneebesen so lange schlagen, bis ein fester Schaum entsteht. Sobald die Creme andickt, von der Herdplatte nehmen und in kleine Dessertschalen verteilen.

Die Traubenhälften darübergeben und lauwarm servieren.

Gefüllte Melonen

Bild rechts

2 kleine Melonen
500 g Beeren nach Saison (z. B. Himbeeren, Brombeeren)
150 g Rahmquark
100 g Joghurt nature
1–2 TL Akazienhonig

Die Melonen halbieren, die Kerne entfernen und das Fruchtfleisch mit einem Ausstechlöffel herausheben.

Die Beeren verlesen. Die Melonenhälften mit den Beeren und den Melonenkugeln füllen.

Den Rahmquark und den Joghurt verrühren und mit Honig süssen. Über die gefüllten Melonen geben und servieren.

Variante
Die Melonenhälften nicht aushöhlen, nur die Kerne entfernen. In die Vertiefung eine Kugel selbstgemachte Vanilleglace (Rezept S. 107) geben.

Vanillepudding an Beerensauce

2 Eigelb
1 dl Rahm
5 dl Vollmilch
2 Vanilleschoten
70 g feines Weizenvollkornmehl
3 EL Akazienhonig
2 Eiweiss
1 Prise Meersalz

Sauce:
500 g frische oder tiefgekühlte Beeren (Himbeeren, Brombeeren)
2 EL Akazienhonig, je nach Süsse der Beeren

Das Eigelb und den Rahm gut verrühren.

Die Milch in einer Pfanne erwärmen. Die Vanilleschoten längs aufschneiden, das Mark auskratzen und mit den Schoten in die Milch geben. Kurz aufkochen lassen. Die Schoten herausnehmen.

Das Weizenvollkornmehl und die Eigelb-Rahm-Mischung mit dem Schneebesen einrühren. Während 5 Minuten kurz köcheln, dann abkühlen lassen.

Mit dem Honig süssen. Das Eiweiss mit dem Meersalz zu Schnee schlagen und sorgfältig unter die Vanillemasse heben.

In kleine Puddingförmchen abfüllen und etwa 3–4 Stunden kühl stellen. Die Förmchen vor dem Servieren stürzen.

Für die Sauce die Beeren mit einer Gabel zerdrücken. Mit dem Honig süssen und separat zum Vanillepudding servieren.

Schnelle Nussplätzchen

Bild rechts

Teig:
350 g feines Dinkelvollkornmehl
150 g Birnendicksaft
2 Freilandeier
2 TL Backpulver, phosphatfrei
1 TL Zimtpulver
50 g Butter

Belag:
130 g Butter
130 g Birnendicksaft
5 EL Wasser
300 g gemahlene Haselnüsse
½ TL Zimtpulver

Alle Zutaten für den Teig zusammenkneten, zu einer Kugel formen und kühl stellen.

Inzwischen für den Belag die Butter flüssig werden lassen (nicht stark erhitzen), Birnendicksaft und Wasser beifügen und abkühlen lassen.

Die gemahlenen Haselnüsse und das Zimtpulver unterrühren.

Den Teig auf einem grossen Backblech dünn auswallen (evtl. mit den Fingern gut auseinanderdrücken). Den Belag gleichmässig darüber verstreichen.

Im vorgeheizten Backofen bei 180 Grad 15–20 Minuten backen. Noch warm in kleine Rechtecke schneiden.

Mandelmakronen

Bild rechts

3 Eiweiss
½ TL Zimtpulver
2 TL Rosenwasser (in der Apotheke erhältlich)
60 g unraffinierter Vollrohrzucker
180 g frisch gemahlene Mandeln
1 TL Backpulver, phosphatfrei

Das Eiweiss sehr steif schlagen. Das Zimtpulver, das Rosenwasser und den Vollrohrzucker beifügen und so lange rühren, bis eine cremige Masse entsteht.

Die Mandeln und das Backpulver dazugeben und untermischen.

Auf einem grossen Backblech etwa 18 runde Backpapierförmchen (Ø 5–6 cm) verteilen.

Die Förmchen mit je einem Esslöffel Mandelmasse füllen und im vorgeheizten Backofen auf 200 Grad etwa 30 Minuten backen.

Gegen Ende der Backzeit eine Makrone aus dem Papierförmchen lösen und die Teigfestigkeit prüfen.

Zitronen-Kokoshäufchen

Bild Seite 113
100 g weiche Butter
140 g Birnendicksaft
2 Freilandeier
1 unbehandelte Zitrone
200 g feines Weizenvollkornmehl
200 g geriebene Kokosflocken

Die Butter mit dem Birnendicksaft gut schaumig rühren.

Die verklopften Eier unter ständigem Rühren tropfenweise dazugeben.

Die Zitrone heiss waschen, trocknen und die Schale abreiben. Anschliessend die Zitrone halbieren und auspressen. Die Schale und den Saft beifügen.

Das Vollkornmehl und die Kokosflocken dazugeben und zu einem Teig vermischen.

Mit einem Teelöffel kleine Teighäufchen auf ein grosses mit Backtrennpapier belegtes Backbleck setzen.

Die Kokoshäufchen im vorgeheizten Backofen bei 180 Grad etwa 15 Minuten backen, bis sie eine goldgelbe Farbe erhalten.

Variante
Anstelle der Zitrone eine unbehandelte Orange verwenden. Eventuell weniger Saft beifügen.

Gewürzbrötchen

Bild Seite 117
20 g Frischhefe
3 dl kaltes Wasser
½ EL (10 g) Meersalz
2 EL gemahlene Gewürze nach Wahl
500 g feines Dinkelvollkornmehl
3 EL Sonnenblumenkerne
3 EL Sesam
3 EL Leinsamen

Den Brotteig analog dem Weizenvollkornbrot (Rezept S. 116) zubereiten. Die Brotgewürze und das Meersalz beifügen.

Die Sonnenblumenkerne, den Sesam und den Leinsamen auf drei Teller streuen.

Den Brotteig in 12 kleine Teigkugeln teilen. Jede Teigkugel kurz kneten, ausformen und mit Wasser befeuchten. Anschliessend mit der Oberfläche in die Kerne oder Samen drücken.

Auf ein mit Backfolie belegtes Backblech legen, nochmals 5 Minuten gehen lassen und in den vorgeheizten Backofen schieben. Gleichzeitig eine kochfeste Schale mit Wasser hineinstellen.

Die Brötchen bei 200 Grad etwa 25 Minuten ausbacken.

Tip
Als Brotgewürze eignen sich Koriander, Anis, Kümmel, Fenchel. Im Reformhaus sind fertige Brotgewürzmischungen erhältlich.

Energieriegel

Bild Seite 117

300 g Haferflocken
75 g geriebene Mandeln
75 g geriebene Haselnüsse
150 g Kokosflocken
50 g Sonnenblumenkerne
200 g diverse ungeschwefelte Trockenfrüchte (Aprikosen, Sultaninen, Zwetschgen, Feigen)
100 g Akazienhonig
4,5 dl Vollmilch
150 g Dinkelvollkornmehl
wenig Butter zum Einfetten
evtl. 4 EL Sesam zum Bestreuen

Die Trockenfrüchte kleinschneiden. Alle Zutaten – ausser Milch und Vollkornmehl – in einer grossen Schüssel gut vermischen. Die Milch unterrühren und etwa 10 Minuten stehen lassen. Zuletzt das Mehl unter die Masse geben.

Ein grosses Backblech mit Butter einfetten. Die feuchte Masse gleichmässig darauf verteilen und glattstreichen. Nach Belieben mit Sesamsamen bestreuen.

Im vorgeheizten Backofen bei 200 Grad etwa 20–25 Minuten backen. Die noch warme Masse in gleich grosse Stücke (Riegel von 3×10 cm) schneiden.

Tip
Der Honiganteil kann allmählich reduziert werden.

Varianten
Je nach Geschmack können einzelne Zutaten weggelassen oder durch Leinsamen, gehackte Kürbiskerne o. a. ersetzt werden. Anstatt Haferflocken eignen sich auch 5-Korn-Flocken.

Bild rechts

42 g Frischhefe
6 dl kaltes Wasser
1 EL (20 g) Meersalz
1 kg feines Weizenvollkornmehl

Die Hefe in einer grossen Schüssel mit einigen Esslöffeln Wasser auflösen. Das restliche Wasser beifügen und das Meersalz einrühren.

Zwei Drittel der Mehlmenge dazugeben und zu einem Teig mischen. Das restliche Mehl auf die Arbeitsfläche streuen und nach und nach gut einarbeiten.

Den Teig von Hand mindestens 15 Minuten kräftig durchkneten (oder 5 Minuten mit der Küchenmaschine und 5 Minuten von Hand). Den Teig zu einer Kugel formen und mit Wasser befeuchten. Zugedeckt etwa 1 Stunde bei Zimmertemperatur auf das Doppelte aufgehen lassen.

Den Teig nochmals kräftig durchkneten und zwei Brotlaibe formen. Auf ein mit Backfolie belegtes Backblech legen und nochmals 10 Minuten gehen lassen.

Eine kochfeste Schale mit Wasser ganz unten in den Backofen stellen.

Die Brotlaibe mit Wasser bepinseln und in den vorgeheizten Backofen schieben. Während 20 Minuten bei 220 Grad und weitere 30 Minuten bei 180 Grad backen.

Tip

Verwendet man nur die Hälfte der Frischhefe, verlängert sich entsprechend die Gehzeit. Für ein optimales Resultat sind die Knet- und Gehzeit sowie das Feuchthalten des Teiges wichtig.

Tips für Einsteiger

Der Vorsatz, die eigenen Essgewohnheiten zu ändern oder zu optimieren, scheitert oft an der Frage: «Womit soll ich anfangen?» Am besten dort, wo es keine Mühe bereitet. Ein Fleischliebhaber wird wahrscheinlich eher zusätzlich vermehrt Salat oder Vollkornprodukte essen, als auf seine «Fleischbeilage» zu verzichten.

Die folgenden Tips sollen helfen, die eigenen Essgewohnheiten zu überdenken und allmählich zu einer gesünderen Kost überzugehen.

- Weniger Fertigprodukte, dafür mehr frische, saisongerechte Produkte essen.
- Wenn immer möglich, Produkte aus biologisch kontrolliertem Anbau vorziehen.
- Gemüse schonend zubereiten (Dünsten, Garen, Dämpfen) und lange Kochzeiten – ausser bei Hülsenfrüchten – vermeiden.
- Zum Frühstück ein Frischkornmüesli essen oder mit einem qualitativ guten Flockenmüesli (ohne Zuckerzusatz) beginnen.
- Vor der Hauptmahlzeit einen kleinen Salat essen.
- Generell weniger Fett verwenden; für Salatsaucen sparsam kaltgepresste Pflanzenöle verwenden.
- Übermässigen Fleisch- und Eierkonsum einschränken; Wurstwaren eher meiden; zur Abwechslung einmal pro Woche Fisch.
- Weniger Süssigkeiten essen; auch Honig und Dicksäfte sparsam verwenden.
- Als Starthilfe einen Vollwert-Kochkurs besuchen oder in einem Vollwert-Restaurant ein feines Menü ausprobieren.

Die Getreidesorten

Weizen
Der Weizen zählt zu den ersten vom Menschen kultivierten Nahrungspflanzen. Aus den ursprünglichen Wildformen entstanden mit der Zeit ertragreiche Sorten. Heute ist er das wichtigste und bei uns am weitesten verbreitete Getreide. Hartweizen wird vorzugsweise für Teigwaren und Griess verwendet, während Weichweizen dank seines hohen Klebereiweissgehaltes ideale Backeigenschaften aufweist.

Dinkel
Dinkel ist ein dem Weizen nah verwandtes Spelzengetreide. Als anspruchsloses und robustes Korn wächst es auch in höheren Lagen. Dinkel hat noch bessere Backeigenschaften als Weizen.

Grünkern
Grünkern ist ein in der Milchreife, d. h. unreif oder «grün», geernteter Dinkel. Durch Trocknen (Darren) über Feuer erhält er ein kräftiges Aroma. Grünkern eignet sich besonders für Suppen, Bratlinge, Gemüseeintöpfe. Er benötigt nur eine geringe Kochzeit.

Roggen
In der Antike fand der Roggen wenig Beachtung. Er galt sogar als Korn der Barbaren. Der Wildroggen ist eine ausgesprochene Gebirgspflanze, die auch in rauhem Klima gedeiht. Roggen ist ein guter Mineralstofflieferant und heute ein wichtiges Brotgetreide.

Gerste
Gerste zählt neben Weizen zu den ältesten Kulturgetreidearten. Es war das Lieblingskorn der alten Griechen und diente auch Nomaden im Hochgebirge als Überlebensnahrung. Gerste ist sehr nährstoffreich und eignet sich für Suppen und Eintöpfe.

Hafer
Früher als Futtermittel oder Gründünger verwendet, war der Hafer dank seines Eiweiss- und Fettreichtums jahrhundertelang eine wichtige Nahrungsgrundlage der ärmeren Bevölkerung. Schon im 16. Jahrhundert war er in England als «Porridge» sehr beliebt, und auch das berühmte «Birchermüesli» war ursprünglich eine Haferspeise. Hafer enthält viel Eiweiss, Mineralstoffe und wertvolles Fett. Er ist besonders zur Flockenherstellung geeignet.

Mais
Mais ist noch heute ein wichtiges Grundnahrungsmittel in Lateinamerika, während er in den Industrieländern eher zu Viehfutter verarbeitet wird. Beliebt ist Mais in Form von Polenta, Popcorn oder Cornflakes. Da Mais kein Gluten (Klebereiweiss) enthält, kann er ideal in einer glutenfreien Diät eingesetzt werden.

Hirse
Hirse ist eine sehr anspruchslose, wärmeliebende Pflanze mit einer kurzen Vegetationszeit. Sie enthält viele Mineralstoffe und weist einen hohen Gehalt an Kieselsäure auf. Hirse hat eine schnelle Koch- und Garzeit. Sie kann vielseitig zu pikanten und süssen Gerichten zubereitet werden.

Reis
In China zählte der Reis schon vor 3000 Jahren zu den fünf heiligen Kulturpflanzen. Über 50 % der Weltbevölkerung ernährt sich von Reis. Für eine vollwertige Ernährung ist Vollkorn- oder Naturreis zu verwenden, der noch alle wichtigen Inhaltsstoffe enthält. Bei der Verarbeitung zu weissem Reis wird das sogenannte Silberhäutchen und damit auch wichtige Vitamine und Mineralstoffe entfernt. Reis ist leicht verdaulich und eignet sich besonders als Kranken-, Diät- oder Kindernahrung.

Wildreis ist ein Sumpfgras, das einen hohen Gehalt an Eiweiss und Vitamin B besitzt.

Buchweizen
Buchweizen ist kein Getreide, sondern ein Knöterichgewächs. In seiner Nährstoffzusammensetzung und Zubereitungsart ist er aber anderen Getreidesorten vergleichbar. Buchweizen enthält hochwertiges Eiweiss und kann auch für eine glutenfreie Kost eingesetzt werden.

Hinweise zur Getreidezubereitung

Waschen

Kauft man sauberes, qualitativ gutes Getreide, ist ein Waschen nicht unbedingt nötig. Da sich aber immer kleine Samen oder auch einmal Steinchen im Getreide finden können, lohnt es sich, die ganzen Körner vor dem Kochen in einem Sieb kurz unter kaltem Wasser durchzuspülen.

Getreide, das geschrotet oder gemahlen wird, darf aber nicht nass oder feucht sein, sonst verkleben die Mahlsteine der Getreidemühle.

Schroten/Mahlen

Ganze Körner sind bei richtiger Lagerung über Monate haltbar. Werden sie aber vermahlen, gehen durch die unmittelbare Oxidation wertvolle Inhaltsstoffe verloren. Deshalb sollte nur die benötigte Menge kurz vor der Zubereitung auf einer geeigneten Getreidemühle geschrotet oder gemahlen werden.

Einweichen

Verwendet man ganze Getreidekörner, ist es empfehlenswert, diese vor dem Kochen über Nacht in kaltem Wasser einzuweichen. Dadurch verringert sich die Kochzeit erheblich. Bei Hirse, Grünkern oder Maisgriess kann man auf das Einweichen verzichten.

Während des Quellens beginnen verschiedene Enzyme zu wirken, u. a. werden die an Phytin gebundenen Mineralstoffe gelöst, so dass sie für den Menschen erst verfügbar sind. Die Einweichzeit ist unterschiedlich: ganze Getreidekörner können ohne weiteres 8–10 Stunden über Nacht eingeweicht werden, während beispielsweise Schrot nur 1–2 Stunden benötigt.

Kochen

Zum Kochen wird das Einweichwasser mitverwendet. Als Faustregel gilt: 2–3 Teile Wasser auf 1 Teil Getreide. Die Wassermenge schwankt je nach Getreidesorte, Feuchtigkeit der Körner und Einweichzeit. Für einen lockeren Vollkornreis braucht es mehr Flüssigkeit als für feste Getreidebratlinge, die geformt werden müssen und zum Beispiel mit Quark gemischt und gebunden werden. Während des Kochens kann – falls notwendig – Wasser zugegeben werden. Hat man hingegen zuviel Flüssigkeit, so lässt man das Getreide im geschlossenen Kochtopf einfach länger nachquellen, bis alle Flüssigkeit aufgenommen ist. Wichtig ist, dass Salz erst nach der zweiten Hälfte der Kochzeit beigefügt wird. Wird vorher gesalzen, verlängert sich der Garprozess erheblich.

Getreide wird stets kalt aufgesetzt und zum Kochen gebracht. Die einzige Ausnahme bilden Hirse und Buchweizen, die entweder vor dem Kochen in einem Sieb unter heissem Wasser gespült oder ins heisse Kochwasser eingerührt werden. Dadurch werden gewisse Inhaltsstoffe entfernt, die eventuell bitter schmecken oder Unverträglichkeiten auslösen können.

Auch Getreideprodukte wie Teigwaren, Griess, Flocken oder Couscous rührt man in kochendes Wasser ein.

Quellen

Quellen die Getreidckörner bereits beim Einweichen auf, so sollten sie nach dem Kochvorgang nochmals auf abgeschalteter Herdplatte zugedeckt nachquellen. Diese Quellzeit ist wichtig für das Weichwerden und das gleichzeitige Aufschliessen der Stärke.

Würzen

Für ein würziges, aromatisches Getreidegericht empfiehlt es sich, gleich am Anfang ein Lorbeerblatt und zwei Nelken dem Getreide beizufügen. Frische oder getrocknete Kräuter erst am Schluss beigeben, damit sich der volle Geschmack richtig entfalten kann.

Für eine süsse Getreidevariante lässt man das Getreide z. B. mit einer aufgeschnittenen Vanilleschote oder wenig Zimtpulver aufkochen.

Aufbewahren

Gekochtes Getreide hält sich zugedeckt im Kühlschrank während mehreren Tagen frisch. Ideal für Berufstätige, die so auf Vorrat kochen können.

Getreide	Einweichen in Std.	Kochzeit in Min.	Quellzeit in Min.
Weizen	5–8	30–45	30
Dinkel	3–8	30–45	30
Grünkern	2–8	30	15
Roggen	5–8	30–45	30
Hafer	2–8	30	15
Gerste	2–8	30–45	30
Reis	2–8	30	15
Hirse	–	15	15
Buchweizen	–	15	15

Merke: Je länger die Einweichzeit oder die anschliessende Quellzeit, desto kürzer die Kochzeit! Grober Getreideschrot kann ebenfalls eingeweicht werden. Die Koch- und Quellzeiten sind jedoch viel geringer als bei ganzen Körnern.

Kräuter- und Gewürzkunde

Richtiger Umgang mit Kräutern und Gewürzen

- Wenn immer möglich, Kräuter aus biologisch kontrolliertem Anbau kaufen. Kräuter werden – wie Gemüse – intensiv mit chemischen Spritzmitteln behandelt.
- Frische Kräuter aus dem eigenen Garten, vom Balkon oder der Fensterbank erst kurz vor der Verarbeitung ernten.
- Die Kräuter kalt abspülen, leicht schütteln, damit das Wasser abtropft und in einem sauberen Küchentuch oder in der Salatschleuder gut trocknen.
- Die Kräuter erst unmittelbar vor der Verwendung auf einem Porzellan-, Marmor- oder Kunststoffbrett mit einem scharfen Messer fein hacken oder wiegen. Kein Holzbrett verwenden, da der Kräutersaft ins Holz einzieht.
- Sind die Kräuterstiele sehr hart oder holzig, nur die abgezupften Blätter oder Blüten verwenden. Sonst können auch Stiele und Zweiglein mitgehackt werden.
- In der Kräutermühle oder in elektrischen Kräutermaschinen werden die Kräuter eher zerrissen und zerquetscht als zerschnitten. Dabei werden unnötig viele Zellen zerstört. Die Kräuter «bluten aus». Deshalb sehr scharfe, glatte Messer benutzen.
- Zerkleinerte Kräuter nie längere Zeit stehenlassen, auch nicht zugedeckt, sondern sofort in die Salatsauce geben oder dem gekochten Gericht beifügen.
- Frische, ganze Kräuter, die nicht sofort verwendet werden, können gewaschen und gut getrocknet in einem gut schliessenden Plastikgefäss oder in einem Schraubglas einige Tage aufbewahrt werden.

• Kleine Gläser oder Dosen mit getrockneten, geriebenen Kräutergewürzen immer gut verschliessen, damit die Kräuter nicht ausduften. Sie können dadurch ihr Aroma bis zu einem Jahr behalten.
• Getrocknete Kräuter vor dem Gebrauch zwischen Daumen und Zeigefinger nochmals gut zerreiben. Dadurch erhöht sich die Würzkraft.
• Gewürze (wie Curry, Paprika usw.) nur sparsam verwenden, weil sie im Vergleich zu frischen Kräutern sehr intensiv würzen und geschmacklich dominieren.

Welches Gewürz passt zu welchem Getreide?

Weizen:	Thymian, Rosmarin, Majoran, Koriander, Lorbeer
Dinkel:	Thymian, Majoran, Koriander, Lorbeer
Grünkern:	Thymian, Majoran, Kerbel, Lorbeer, Basilikum
Roggen:	Dill, Kümmel, Rosmarin, Thymian, Sellериekraut
Hafer:	Bohnenkraut, Fenchel, Estragon, Kerbel, Muskat
Gerste:	Salbei, Thymian, Pfefferschoten
Reis:	Curry, Koriander, Thymian, Safran, Salbei, Liebstöckel, Basilikum, Oregano
Hirse:	Curry, Ingwer, Koriander, Muskat, Paprika, Basilikum
Buchweizen:	Dill, Majoran, Salbei

Für die Grundzubereitung werden normalerweise keine Gewürze verwendet, ausser eventuell für würzige Gerichte ein Lorbeerblatt und Nelken oder für süsse Getreiderezepte beispielsweise eine aufgeschnittene Vanilleschote.

Erst bei der Weiterverarbeitung werden die geeigneten Gewürze beigefügt. Samen, Stengel und getrocknete Zweiglein können mitgekocht werden. Zarte oder frische Kräuter gibt man erst am Schluss bei, damit sich das volle Aroma entfalten kann. Höchstens 2–3 verschiedene Gewürze miteinander verwenden.

Wenn überhaupt notwendig, dann sparsam Vollmeer- oder Kräutermeersalz einsetzen, jedoch erst in der zweiten Hälfte der Kochzeit.

Welches Gewürz zu welchem Gemüse?

Blumenkohl:	Estragon, Dill, Koriander, Senfsamen
Bohnen:	Bohnenkraut, Thymian
Brokkoli:	Basilikum, Dill
Fenchel:	Thymian, Koriander, Estragon, Kerbel
Gurken:	Dill, Estragon, Borretsch, Kerbel
Karotten:	Liebstöckel, Majoran, Estragon, Dill
Kartoffeln:	Muskat, Majoran, Rosmarin, Curry
Kefen:	Estragon, Dill, Basilikum
Kohl:	Liebstöckel, Kümmel, Koriander
Kürbis:	Ingwer, Dill, Koriander, Paprika
Lauch:	Liebstöckel, Muskat, Thymian, Kümmel
Pastinaken:	Koriander, Fenchel, Thymian
Peperoni (Paprikaschoten):	Basilikum, Oregano, Knoblauch
Randen (Rote Bete):	Ingwer, Anis, Kümmel, Dill, Minze
Rettich:	Dill, Paprika, Lorbeer, Liebstöckel
Sellerie:	Koriander, Oregano, Estragon, Dill
Spinat:	Muskat, Kümmel
Tomaten:	Basilikum, Oregano, Rosmarin
Zucchini:	Dill, Koriander, Thymian, Rosmarin

Keimlinge – köstliche Gesundheitsspender

Sprossen und Keimlinge sind wahre Vitaminbomben. Ausserdem enthalten sie eine Vielzahl von Mineralstoffen, hochwertigem Eiweiss und verdauungsfördernden Enzymen.

Keimlinge sind schmackhaft, preiswert und einfach zum Selberziehen. Gerade in den Wintermonaten, wenn wenig Frisches erhältlich ist oder das Lagergemüse bereits wertvolle Inhaltsstoffe verloren hat, bereichern diese Winzlinge den täglichen Menüplan.

Welche Samen eignen sich?

Zum Keimen eignet sich eine Vielzahl von Samen, von verschiedenen Getreidekörnern (Weizen, Gerste, Roggen) über Hülsenfrüchte (Linsen, Mungobohnen, Kichererbsen, Alfalfa) bis zu Senfsamen, Rettich, Kresse, Buchweizen, Sonnenblumen- oder Kürbiskernen.

Was passiert beim Keimen?

Alle Samenkörner besitzen eine Keimanlage und einen Wurzelansatz. Die Keimanlage dient als sogenannter «Vorratskeller», sie ist besonders reich an Eiweiss, Fett und Mineralstoffen. Kohlenhydrate, Vitamine und Enzyme umgeben diese kleine Schatzkammer. Alle diese wertvollen Nährstoffe bleiben solange gespeichert, bzw. konserviert, bis der Samen bei günstigen Bedingungen zu keimen anfängt. Während des Keimprozesses werden teilweise Nährstoffe abgebaut und andere, wie beispielsweise Vitamine und Mineralstoffe, zusätzlich gebildet. Sprossen oder Keimlinge enthalten im Vergleich zu den getrockneten Samen ein Vielfaches an Vitamin C. Angekeimte Samen tragen wesentlich zur Deckung des Tagesbedarfs an Mineralstoffen bei, besonders von Magnesium und Eisen.

Keimlinge – leicht gemacht

Um knackig frische Sprossen zu erhalten, braucht es also optimale Treibhausbedingungen: Wasser, Sauerstoff, Licht und Feuchtigkeit. Am leichtesten geht dies mit speziellen Keimgeräten, wie sie im Fachhandel angeboten werden. Diese Mini-Treibhäuser passen auf jedes Fensterbrett und sind einfach zu handhaben: Samenkörner in die Schalen streuen, regelmässig wässern und der Rest erledigt sich von selbst! Je nach Samen- oder Getreidesorte und der vorherigen Einweichzeit dauert der Keimvorgang 1 bis 5 Tage. Hülsenfrüchte, wie z. B. Kichererbsen oder Bohnen, weicht man am besten 10–12 Stunden über Nacht in Wasser ein, damit sie aufquellen können. Dadurch verkürzt sich die anschliessende Keimzeit. Sprossen und Keimlinge von Hülsenfrüchten sollten vor dem Verzehr immer kurz blanchiert werden.

Vielseitig in der Küche verwendbar

Der Verwendung von Sprossen sind keine Grenzen gesetzt: pur als Salat, übers Müesli oder in die Suppe gestreut, unters Gemüse gemischt oder als Pfannkuchenfüllung. Keimlinge und Sprossen entschlacken unseren Körper und aktivieren gleichzeitig unser Abwehrsystem, das gerade in der Winterzeit stark beansprucht wird. Dank ihrem hohen Ballaststoffgehalt haben diese frischen Kraftwunder eine milde, verdauungsfördernde Wirkung.

Probieren Sie diese Köstlichkeit aus der Naturküche und entdecken Sie die zahlreichen Einsatzmöglichkeiten dieser kleinen Gesundheitsspender!

Saisontabelle von Obst und Gemüse

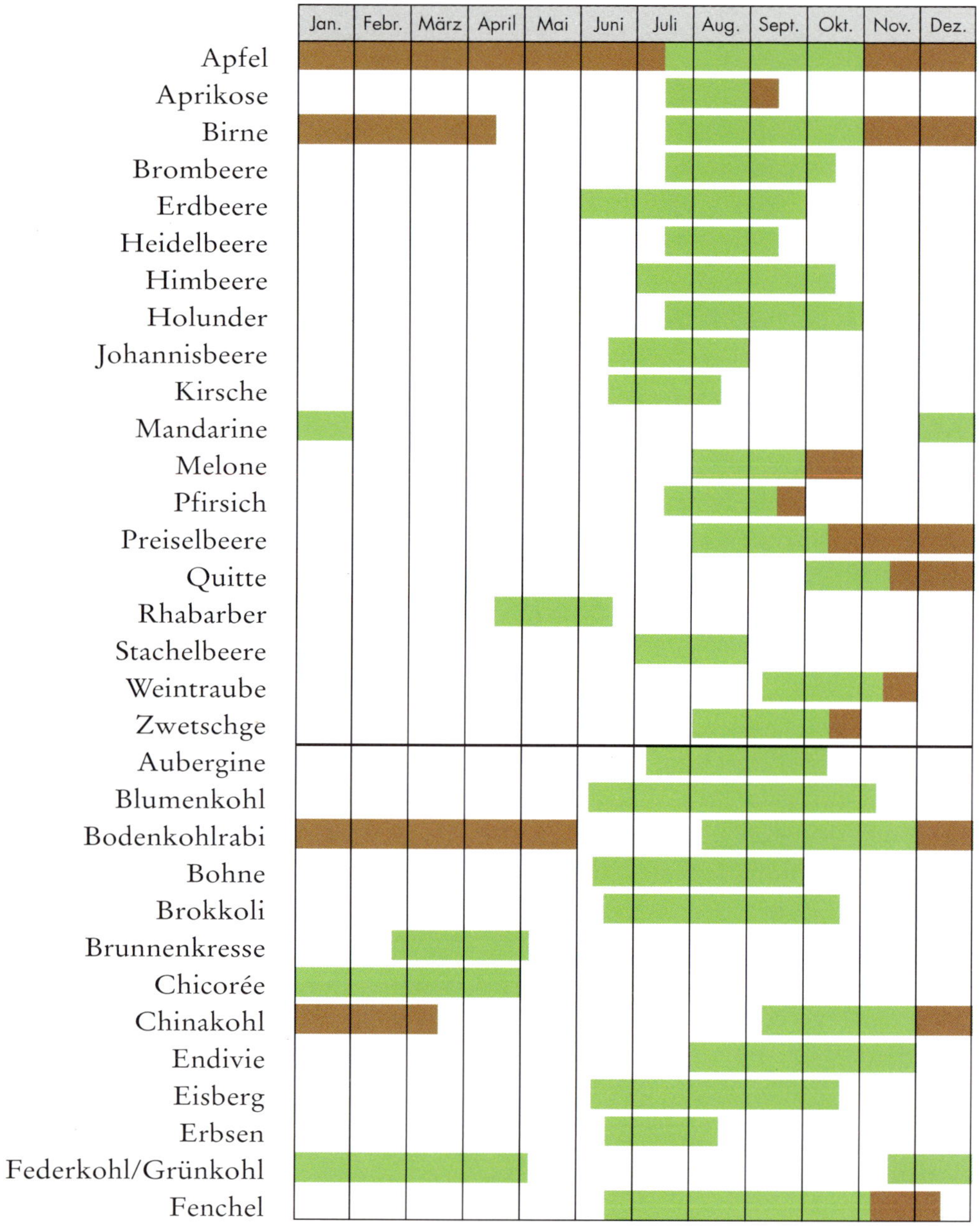

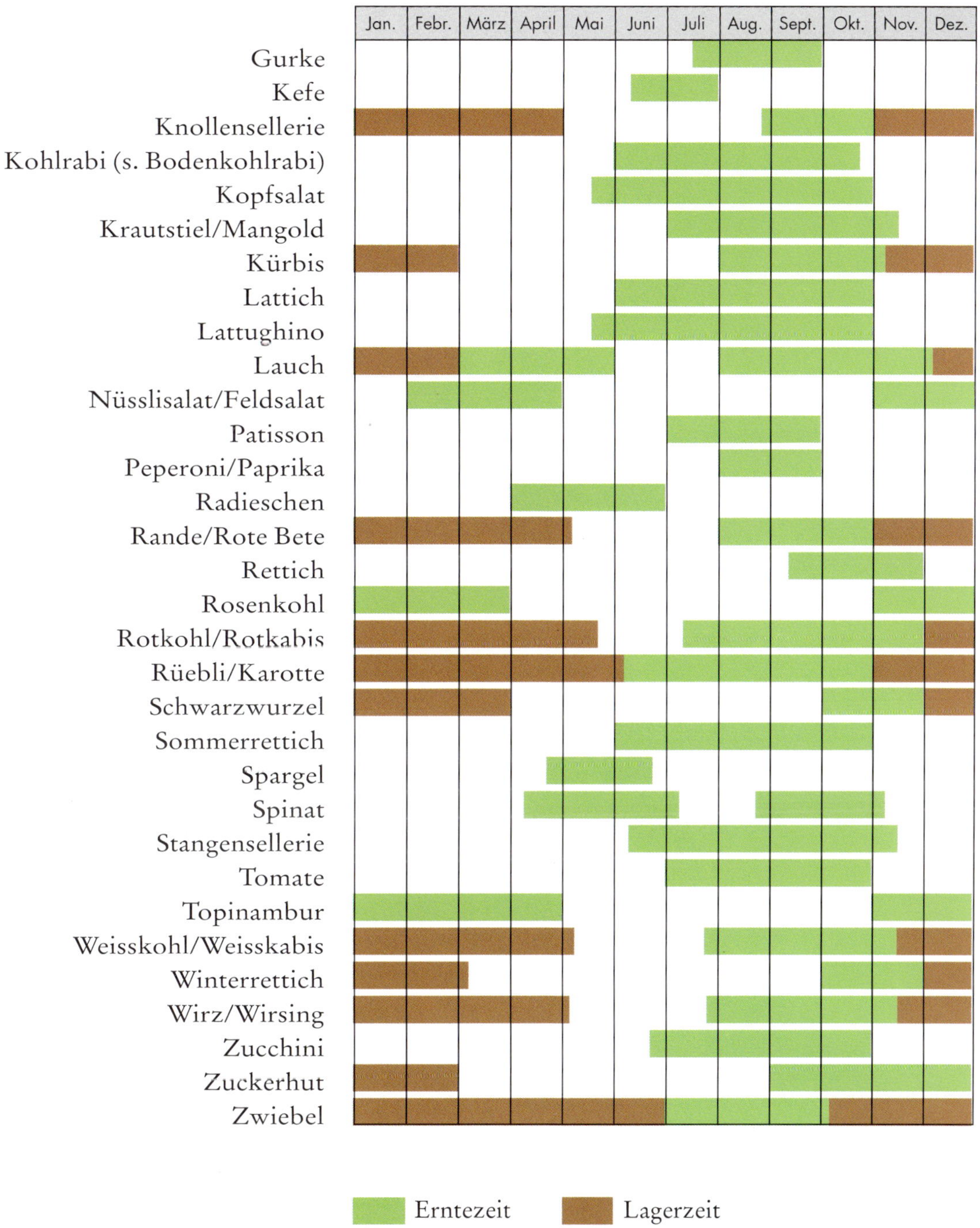
Jan.
Febr.
März
April
Mai
Juni
Juli
Aug.
Sept.
Okt.
Nov.
Dez.
Gurke
Kefe
Knollensellerie
Kohlrabi (s. Bodenkohlrabi)
Kopfsalat
Krautstiel/Mangold
Kürbis
Lattich
Lattughino
Lauch
Nüsslisalat/Feldsalat
Patisson
Peperoni/Paprika
Radieschen
Rande/Rote Bete
Rettich
Rosenkohl
Rotkohl/Rotkabis
Rüebli/Karotte
Schwarzwurzel
Sommerrettich
Spargel
Spinat
Stangensellerie
Tomate
Topinambur
Weisskohl/Weisskabis
Winterrettich
Wirz/Wirsing
Zucchini
Zuckerhut
Zwiebel
Erntezeit
Lagerzeit

Rezeptverzeichnis

Carine Buhmann

ist ausgebildete Gesundheitsberaterin UGB in Liestal (Schweiz). Als Fachfrau für Ernährungsfragen arbeitet sie freiberuflich auf dem Gebiet der Gesundheitsprävention.

Zu ihren Tätigkeiten zählen Vorträge, Kurse in Theorie und Praxis sowie Publikationen in zahlreichen Zeitschriften. Sie ist Dozentin für Ausbildungs- und Fortbildungsseminare des Schweizerischen Drogisten-Verbandes sowie an der Alpinen Akademie für Integrale Medizin (AAMI).

Von ihr ist ebenfalls im AT Verlag erschienen:
«Beiss nicht gleich in jeden Apfel – 700 Fragen zur gesunden Ernährung», ein praktischer Ernährungsratgeber und ein nützliches Nachschlagewerk für Laien und Fachleute.